JN084246

音楽で人とかかわる

門間陽子

人間と歴史社

私に刺激を下さった皆様に感謝
― 音楽教員時代・音楽療法界・少し介護の世界 ―

To those who were my inspiration.
I am truly grateful for your guidance and encouragement
during my time as a music teacher, a music therapist, and
a caretaker for the elderly.

はじめに――気づきと感謝を込めて

　この本は、基本的には自分史ではありません。岐阜の「音楽療法研究所」を運営するに至った私が存在するまでには、これだけ多くの人々の刺激のおかげであったことの感謝を伝え、また記録として残しておきたいと考え、書き出しました。たぶん、私が忘れていたり、気づかないでいるもっともっと多くの方々にも刺激をいただいていることと思いますが、その方たちも含めて感謝したいと思います。また、「刺激」という言葉は定義が必要とは思いますが、学術的な書き物ではないので、勝手ですが、いろいろな意味を含んで使っています。マイナスの刺激もありましたが、今回はその点にはあまり触れていません。

　私はいま、神田三崎町という東京のど真ん中とも言えるような所に住みながら、音楽療法関連の書籍を多く出版してきた出版社「人間と歴史社」代表である佐々木久夫さんの励ましを受けながらこの文章を書くことを決心し、筆を進めています。それを推してくれたのは、今は亡き姉とも思う申善珠（しん・そんじゅ）さんの「何か書き残しなさい」と言い続けてくれた言葉でした。でも正直なところ、音楽教育も音楽療法も極めたとは言えない状態でしたので、音楽療法そのものを掘り下げた本は書けないと思っていました。

　大学卒業時、私は自分の将来の方向性は定まっていませんでした。同級生が教員採用試験を受け、夏前にはどんどん就職が決まっていた頃でも、私は教員になるつもりはありませんでした。教育実習が終わっても教員になる気持ちにはなれませんでした。しかし、その時に生徒からもらった手紙には「先生になって宮城学院に戻ってきてほしい」と書いてありました。大人の心で読めば、リップサービスでしょう。しかし、大学4年生の10月頃、母校である宮城学院中学校高等学校から求人があり、私のピアノ担当の先生から

「その試験を受けてみないか」と、薦められたのです。応募者が大勢いる中で、無理だろうなと思いつつ受けた就職試験で「採用」が決まり、人生初の仕事は、自分が中学・高校時代を過ごした学校でした。

　教員という仕事をする中で、私は生徒指導にも悩まされました。教員はただ音楽の授業をしていればよいものではないと、思い知らされる毎日でした。その間に、同僚であった周りの先生方から、いろいろな刺激を受けました。その中でアメリカ留学から帰ってきて同じクラスを担任（複数担任制）することになったある先生から、「音楽療法」という領域の話を伺い、音楽の「教育」から「療法」に関心が移っていきました。

　当時、日本には音楽療法を教えるコースがある大学などはまだありませんでした。東京音楽大学の応用音楽コースに入学し、現場での実践、セミナーなどでの研修、その後は音楽療法士（家）という聞きなれない仕事、そして「岐阜県音楽療法研究所」での仕事、最後は介護職を少し体験して私の仕事人生は終わろうとしています。

　仙台で生まれ、約34年間、身体的成長、基礎教育、教員という仕事を経て、35歳から東京で音楽療法を学び実践をした後、45歳で岐阜県に移り住んで16年、岐阜県でGMT（岐阜県が認定した音楽療法士）という養成制度を展開し、地元の音楽療法士の育成と実践の支援を行ない、63歳の時にまた東京に戻ってきました。しかし、ここまで行き着くにはどれだけ多くの人々に刺激（知識・感情面、経済面も含めて）をいただいたか知れません。

　いろいろな仕事やさまざまな人に出会って、社会の現実にもまれて、いま強く思うことは、「音楽を学んだ者は、周りの人と共に、音楽による競争ではなく、もっと音楽をさまざまな人との生活に彩りをつけるものとして、そして音楽を学んだあなたという人間を、そして音楽の力を活用してはどうか」と言いたいのです。

　音楽で人と関わる関わり方は、大きく2つあります。一つは、すばらしい演奏を相手に届ける（相手は音楽を聴取する）こと。もう一つは、相手の人自身が音楽する行動を助ける（相手は音楽する行動をとる）ことです。この

本で、「音楽で人と関わる」ことの中心は、主に2つ目の「相手の人自身が音楽すること」を中心にしています。この本を手にしてくだった方は、いろいろの分野にわたっていると思います。ですから、通読の必要はありません。「はじめに」と「おわりに」、そしてご自分の関心のある部分だけをお読みいただければ十分です。

　先日、久しぶりで地下鉄半蔵門線の中で文章を書いていると、となりの親子の様子が耳に入ってきました。子供がぐずりだすと、母親がうたを歌う。子供は笑顔になり、また遊び出す。ちなみに母親が歌っていた歌は「どうしておなかがへるのかな……」だったのですが、母親の歌声は魔法かと思わされるような力を持っていました。ぐずっていた子供はあっという間にニコニコ顔になっていました。

　「孫に讃美歌を弾いてほしい」という祖父母の願いは、11年間、学校の礼拝で弾き続けたパイプオルガンの奏楽、讃美歌、そして今は教会でリードオルガンを弾かせていただいているので、その願いはかなったかも知れません。しかし、その間に讃美歌を弾く範囲だけでは収まらなかった多くの人々に出会い、そうした人々や、さまざまな音楽そのものにも深く感謝をしたいのです。

　また、音楽療法を専門的に学ぶ学校がなかった時代に、どのような模索をし、人々の間を渡り歩きながら、何を学んだかも記しておきたいと考えました。生徒として音楽を共にしてくれた子供たち、音楽療法の場で我々の相手をしてくださったクライエント、高齢者一人ひとりのお名前を挙げることはできませんが、私の脳細胞のいくつかを形成する上で刺激を与えてくだった方々であったことは確かでしょう。

　4〜5年前、私の所属する教会で、群馬県の原慶子さんと共にお仕事をされていた鈴木育三牧師のお話を伺いました。そのお話に出てきたほとんどの人に、私は30歳代後半に出会っていたのでした。そのことに驚くとともに、その方々に感謝を伝えたいという思いが沸き起こってきました。思い出すに、今までも何か見失いかけると、必ずと言っていいほど、その時々に必要

な人が現れたような気がします。

　宮城学院で50年来の同僚そして友人であった清野貞代先生が、2022年6月15日に急逝されました。先生は私の5歳年上ではあったのですが、よくも悪くも私のエンジンのような人でした。弦楽合奏団を率いていた清野先生は、私が宮城学院を辞めてからも「それはよくない」「それはおもしろい」「ぜひやってみて」と、常にメッセージを送り続けてくれていました。先生の急逝は驚きとともに、先生が主張されていた同窓会の建て直しを実現できなかったことは残念でした。その原動力を失ったことは大きな痛手となり、何か書き残したいという気持ちがさらに膨らんできました。そして2022年11月27日には、私の人生の第二の母親・12歳の離れたお姉さんとも言いたいような申善珠さんが亡くなりました。彼女は最後まで「難しい内容でなくていいから何かを書き残すのよ」と言い続けていました。

　岐阜県に残してきたGMTのその後、いろいろ苦労していることが風の噂に聞こえてきていましたが、苦難を乗り越えようと頑張っている人にも、この本で何か伝わってほしいとも思いました。宮城学院の生徒だった人も、すでに還暦をすぎ、立派な大人になっています。今は充実した生活を送っている人の話はよく耳にするのですが、私が知らない範囲で厳しい生活をしている人にも、このような本が届いたらと願っています。

　次のことは、神のなせる業だったかも知れませんが、宮城学院の音楽科を創設したハンセン先生はカンザス大学の出身で、その大学は音楽教育や音楽療法のメッカでもありました。そこで音楽療法を学んだ人（栗林文雄先生や広川理恵さん）、そしてクレア先生から、日本にいながら音楽療法を学ぶことはあっても、私が長期にカンザス大学に行く機会は与えられませんでした。70歳を過ぎてから、宮城学院の資料を見て、初めて気づいたことだったからです。人生の最後まで、浮き足立つことなく、日本にいながら、多くの人の刺激をいただきながら、仕事ができたことに感謝をしたいと思います。

●私の人生の区切りと影響を受けた人びと、関係した組織など
をはじめに記しておきます（敬称略）。

1 宮城学院時代

清野貞代（中学高校の音楽担当の教諭）／**吉川ちひろ**（中学高
校の英語担当の教諭）／**泉山中三**（大学教授、心理学）／
申善珠（日本ハンドベル連盟事務局長）

・アメリカの教会から贈られたハンドベルに取り組む
・音楽教育の一部として、弦楽合奏で全校生が歌うメサイヤの
　伴奏をする

2 音楽療法の研修時代

**泉山中三／村井靖児／山崎郁子／久保田牧子／松井紀和／
竹内孝仁／桜林仁／吉川武彦**

・音楽心理音楽療法懇話会への参加、東京音楽大学の聴講生
・河口湖セミナーに参加、BGM協会の研究費、芸術療法学会
　に入会

3 音楽療法の実践現場

村井靖児／松井紀和／竹内孝仁／山崎郁子／申善珠

・至誠老人ホーム、回生堂病院、東京女子医大、リバーパレス青
　梅、喜久松苑
・調布市福祉センター、長谷川病院、都内の保健所、青山学院高
　等部中等部

4 岐阜県の事業に取り組む

**桜林仁／村井靖児／梶原拓／細井日出男／館正知／
金城俊夫／於久田秀孝**

・福祉事業団、科学技術振興センター、日本音楽療法学会役員

5 岐阜県音楽療法研究所を退職してから

・3.11の震災を体験、教会生活を再開、介護者初級の研修、自宅
　の神田周辺で介護を実践、仙台の母親の介護と看取り、自分
　の持ち物を整理途中（書籍、印刷物、衣類など）

目次

はじめに

第一部　おいたち

第二部　音楽療法の研修と実践

第一部

おいたち

1

誕生から

1948年〜1953年

誕生：1948年（昭和23年）8月6日
　　　1948年（昭和23年）　8月…大韓民国成立
1歳：1949年（昭和24年）　1月…初の成人の日、1ドル360円
2歳：1950年（昭和25年）　1月…1000円札発行（聖徳太子像）
3歳：1951年（昭和26年）　9月…日米安全保障条約締結
4歳：1952年（昭和27年）　5月…血のメーデー事件

　　（＊年ごとの歴史的出来事は、私との関係で大きかった
　　ことを中心に記してあります。以下同）

1 家系

　私は昭和23年に仙台市で生まれました。はじめに、生まれる前の私を取り巻いていた家族のことを紹介します。

●門間猛・小春さん（父方の祖父母）

　宮城県遠田郡大貫桜田（現・大崎市）で暮らした祖父母（父の両親）は林業を営んでいました。あるとき我が家にピアノが届いたのですが、我が家には不釣合いの真っ黒で大きな物でした。リードオルガンはあったのですが、「これからの人はピアノぐらい弾けたほうがよい」「できれば孫に讃美歌ぐらいは弾いてほしい」という祖父母たちの願いが込められていたようです。この祖父が北大で門番をしていたので、「構内の馬小屋で私の父は生まれた」と私たちは聞いて育ってきました。しかしこのことは、後で冗談だったことがわかりました。祖父・猛さんは「札幌農学校」で林業を学んでからしばらく北大に所属して、北海道内の営林署を渡り歩いたようです。それが私たちには「馬小屋」の話に変わっていたのかも知れません。その間に祖父は、クラーク博士や新渡戸稲造の思想に出会う機会があり、キリスト教に触れることになったのでした。

　大貫に戻った猛さんは、地元の山の植林に精力を注いだり、町村合併や公共施設や教会建設に私財を投げ打っていたそうです。そして、息子たちを仙台の学校に入れるために土井晩翠さんから土地を購入して、仙台市の（青葉区）川内山屋敷に家を建て、若い人の通学の拠点にしました。私の記憶でも、小さな頃は常に知らないお兄さんやお姉さんが山屋敷の家には住んでいました。この家から大学に通ったり、看護学校に行ったり、行儀見習いをしてお嫁に行ったりしていました。

●門間正（ただし）さん

　父の一番上の兄で、長期の休みごとに私を大貫で預かってくれ、親からも妹からも離れて大自然の中で従弟たちと自由を満喫させてもらっていました。

●門間浩（こう）さん

　父のすぐ上の兄で、南方で戦死してしまいました。

●門間章（しょう）さん

　父のすぐ下の弟で、はじめは子供がいなかったため、私たちを上野動物園に連れて行ってくれたり、クリスマスごとには私たちの希望のプレゼントを贈り続けてくれた叔父でした。

●父・洋（ひろし）

　1920年（大正9年）8月28日に札幌で生まれ、2003年（平成15年）2月3日に83歳で仙台の病院で亡くなりました。札幌で生まれたのは曽祖父の平五郎さんが祖父の猛さんを札幌農学校（北大）に送り出したからだそうです。従弟（正さんの三男・実さん）が「北星学園（キリスト教を教育理念とし1887年創立）に行きたい」と言った時、周りがスムーズに理解してくれたのはそのような過去があったからではないかということでした。

　父は戦前、二中（のちの仙台二高）から千葉の薬専（現・千葉大）に進み、旭化成に就職。しばらくは鹿児島に住み、働いていたそうです。戦争は北方に行き、無事帰国したものの、すぐ上の兄さんが南方で戦死したので、兄弟がそれぞれふるさとを引き継ぐことになりました。父も九州から仙台に戻ってきて山屋敷に住むことになり、宮城県庁に勤め、定年まで勤めました。仕事の詳細はわかりませんが、食品衛生の管理、環境汚染の規制、などなどだったようです。

　ある日、家の前にパトカーが止まっていた時は本当にびっくりしました。当時、我が家には電話がなかったので、どこかで大規模な食中毒が発生したため、指揮を取る責任があった父を連れに来たのでした。またある時、父が泣いているのです。めったにそのようなことはないのですが、原子力発電所を宮城県が作るかどうか、いろいろな委員会、議会を経て作ることが決定した頃でした。「使いたい放題の電気の使い方をしていいのか、世の中全体で節電も考えなければいけないのに……」と

言っていた記憶があります。一職員としてはどうしようもないことだったのでした。この原発に関しては、妹も従弟も大反対運動をしていましたので、父の心中は複雑だったと思います。

●奥山豪雄・つやさん（母方の祖父母）

小野田（加美郡）の祖父・奥山豪雄さんは獣医をしていました。つやさんは地域で家庭集会などを企画し、長いこと地域の民生委員を引き受けていました。母いわく、「とてもお話の上手な人」だったそうで、自分の尊敬する人とも言っていました。

この奥山家は伊達政宗の時代、家老をしていた家系だそうで、「奥山大学」ともいわれ、豪雄さんはそのことをいつも自慢げに話していた記憶があります。子供の頃、母の実家に遊びに行くと、たくさんのお蚕さんを飼っていて、桑を食むあのワサワサした音がなんとなく耳に残っています。

●奥山常雄（つねお）さん

母の一番上の兄で、地元の中学校の教員でした。

●奥山忠彦（ただひこ）さん

次男で古川工業高校（大崎市）の教員でしたが、40歳代に肺結核で亡くなりました。

●渋谷善嶺・貞子（さだこ）さん

長女である姉夫婦。善嶺さんが「白松がモナカ」（仙台生まれの銘菓）の寒天の研究を続けていたので、よく山屋敷を訪ねてくれていました。母も頼りにしていた姉だったようです。青森の遺跡の発掘にも携わっていたこともありました。大人になってからは常に私を肯定的に静観してくださった叔父夫婦でした。

●伊藤淑子（よしこ）さん

次女で、熱心なクリスチャン。神奈川県川崎市に在住していました。

●奥山大和（やまと）さん

母の弟（三男）で、自分の結婚式の前日に私に自転車乗りを教習して

くれ、乗れるようになりました。生涯、ちょっとした一言の言葉を葉書に書いてきてくれました。その内容は、まだ世の中にない領域のことをしようとしている私を励ます内容で、その励ましは生涯続きました。

●母・和子（かずこ）

　母は1926年（大正15年）12月24日に加美郡小野田城内で誕生し、2019年（令和元年）8月30日に山屋敷の自宅で生涯を閉じました。兄2人、姉2人、そして母、弟の6人きょうだいでした。弟はいましたが、家族の中では「みそっかす」（末っ子のこと）扱いだったそうです。男の子は大学まで出してもらえたのに、女の子は3人とも女学校（宮城女学校）どまりだったそうです。そのことはかなり残念だったらしく、親に「宮城女学校の専攻科に行かせてほしい」と願い出たこともあったようですが、姉さんたちが女学校どまりだからあなたもそこまでという理由であきらめさせられたようでした。

　私にとって、奥山つやさん（母方）と門間猛さん（父方）は、大きな刺激をもらった最初の人でした。つやさんは、脳出血の後遺症で失語症を患っていました。私をひざに乗せてオルガンを弾くことを促すのですが、「ナーナー」としか言えませんでした。しかし讃美歌では歌詞が出ていたと記憶しています。後に祖父・豪雄さんから「つやばあさんは、"雲井の宮　賎（しず）が伏屋／　すべてもれぬ　うきためし／　ひとは草の　花にひとし／　あさの栄（は）へは　宵に散らん……"の讃美歌が好きだったのだよ」という手紙をもらっています。このおじいさんからもらった唯一の手紙だったと思います。

●私・陽子（ようこ）誕生

　私は1948年（昭和23年）8月6日に、仙台市（青葉区：当時はなかった）川内山屋敷39番地で、門間洋・和子の長女として生まれました。私が生まれたのは朝8時半頃で、逆子でかなり難産だったそうです。私が60歳代後半になってから、母から聞いた話では、「私が悪かったのよ、生まれる一週間前に、裏山に杉の枯れ葉をとりに行った帰り道で転

んでしまったの」ということだったようです。私たちも子供の頃によく杉拾いに行ったものでした。これは、かまどに火をつけたり、お風呂を沸かす時によく燃えるので重宝していました。名前は父・洋（ひろし）の名前の洋を「よう」とも読むので「ようこ」、字は明るく暖かなひかりという意味も込められて「陽子」としたようでした。

　幼い時代のことはあまり覚えていないのですが、記憶にある当時のお手伝いは、井戸から台所まで約20メートルの距離、水を運ぶことや亀岡までお使いをすることでした。この頃はまだ食料事情は良くなく、配給手帳を持ってお米を買いに行きました。当時、千円札はとても価値があり、なくさないよう母に幾度も言われて、握りしめて亀岡に行きました。千円札は今の価値とはまるで違っていましたから、千円を預かった時は、今でも覚えているくらい、握り締めた千円札が手の汗でびっしょりになってしまうような大きな緊張の道中でした。

　亀岡とは、自宅から7分ぐらいの商店街で、平間商店（お豆腐、駄菓子、ジュースなど、今のコンビニのようなお店）、米屋、早坂魚屋、大久こんにゃく、大竹八百屋、阿部酒屋、さかい肉屋、と並んでいました。平間商店さんにはカランコロンと下駄を鳴らし、金属製のボールを持って出かけたものでした。早坂魚屋さんには一人で行くことはなかったと思います。いつか母に連れて行かれた店先で「ハモ（鱧）」を見てから、その形が目・頭から離れることがなく、ウナギを食べることができなくなりました。私の分はいつも秋刀魚（サンマ）を蒲焼風に調理してくれていましたが、それでも疑ってなかなか食べなかったそうです。

　大久（おおひさ）こんにゃく屋さんには、大好きなこんにゃくをよく買いに行かされました。このお店で生まれて初めて電話をかけました。たしか「コンパスを用意するように」と学校から言われていたことを忘れていて、父に連絡するためでした。そこで父が買ってきたコンパスは製図用の立派なものでした。翌日、学校に持って行ったら周りの人とのあまりの違いに恥ずかしい思いをした記憶があります。大竹八百屋さん

は、この亀岡商店街で最後まで頑張ってお店を続けてくれていたので、母の介護の時にはたくさん助けていただきました。そして阿部酒屋さん、お正月前の配達は大変でした。最後がさかい肉屋さんで、ご用聞きもありました。バイクの音とお兄さんの威勢のよい声は、「今日はご馳走だ！」という合図でもありました。

　私がお使いに行かされた頃は、お肉はめったに食べられませんでした。いつも合びき300グラムでした。しばらくの間、私は「合びき肉」という肉があると思っていたくらいです。母は自宅の畑で育てたジャガイモと合びき肉でコロッケを作ってくれたのですが、我が家では大変なご馳走でした。あの油のはねる音とにおいがしてくると、三人姉妹のお腹の虫もにぎやかになっていたものでした。後年、岐阜に勤める頃になって、「すき焼きは牛肉でやるのが当然」と聞いてびっくりした覚えがあります。我が家はいつも豚肉でしたから……。

2　祖父・門間猛のこと

　祖父・門間猛（たけし）は、振り返ってみると、私にとって大きな刺激を受けた最初の人でした。祖父は1886年（明治19年）に、宮城県遠田郡大貫桜田（現在は大崎市）に生まれ、大貫小学校から旧制仙台一中（のちの仙台第一高等学校）に進学しました。その父・平五郎（私にとって曽祖父）は子どもの教育に厳しく、猛を親類である仙台の矢野家に寄宿させました。この矢野家というのは伊達藩士で、日常生活の礼儀作法は昔のままだったそうで、勉学のかたわら書生として厳しく育てられたそうです。祖父はこの家で武士としての礼儀作法はもとより、学識と教養を培ったのだと思います。曽祖父・平五郎は、1926年（大正15年）に61歳で亡くなりますが、「とても個性の強い人だった」と聞いています。

祖父の子供たち

　祖父・猛には4人の子供がいました。全員男の子でした。私の父は4人兄弟の3番目です。次男の「浩（こう）」は、終戦の年（1945年1月3日）、輸送船で南方に送られる途中（転進中）、台湾の高雄沖で戦死したと聞いています。まだ25歳でした。

　長男の「正」は1912年（大正元年）に札幌で生まれ、札幌一中在学中に仙台一中に転校、その後、祖父・猛の意志で東北学院高等学部（専門部を高等学部と改称）に進みました。東北学院もミッションスクールだったからです。1932年（昭和7年）、在学中に受洗し、キリスト者になりました。

　卒業してすぐに（昭和10年）叔父の経営する鉄工所を手伝うため台湾（台北）に渡り、そこで軍隊に入隊（昭和14年）、約3年半の軍隊生活（兵役）を解かれ、家庭生活を送っていたそうです。そして敗戦……。終戦後の昭和21年（4月）に郷里の大貫に戻り、父・猛とともに地元の復興・発展に務めました。私の幼い記憶では、夏休みや長い休みごとに私を預かってくれて、大自然の中で親からも姉妹からも離れて、従弟（いとこ）たちと自由を満喫させてもらったことでした。後に聞いた話では、正さんが結婚する日、「召集令状」（赤紙）が届いていたが、父・猛はそのことを伏せ、本人（正）には結婚式が終わってから伝えたそうです。結婚式後、台湾に戻り、そこで入隊したということでした。

　三男が、私の父「洋」です。父は旧満州・ハルビン（黒竜江省）に赴きましたが、無事帰還しました。そして一番下の「章」は父のすぐ下の弟で、軍服姿の写真を見たことがありますが、どこの戦地に赴いたのかはわかりません。章さんは、はじめは子どもがいなかったこともあり、私たちを上野動物園に連れて行ってくれたり、クリスマスには私たちの希望のプレゼントを贈り続けてくれました。

3 奥山豪雄・つやのこと

　母方の両親（祖父・祖母）は宮城県の加美郡小野田町（現・加美町）に住んでいました。「加美」……この美しい地名は、神の宿る場所を表す「賀美郡（かみごおり）」に由来するとも言われ、田園地帯が広がっていて四季折々の自然の変化が美しいところです。

　奥山家は伊達政宗に直接仕え、仙台藩の「重臣」（奉行）を務めていた「奥山常辰」（おくやま・つねとき。1616〜1689）の家系だそうで、祖父はそのことをいつも自慢げに話していた記憶があります。奥山常辰は、通称「奥山大学」とも言われ、仙台藩政を主導して集権的政策を推し進め、『樅ノ木は残った』（山本周五郎）で知られる「伊達騒動」の主要人物の一人でした。

　祖母のつやは、県南部の柴田町・槻木（つきのき）の生まれです。柴田町は船岡町と槻木町が合併（1956年）してできた町で、阿武隈川と白石川が合流する地点にあって、温暖な気候で自然豊かなところです。江戸時代には、白石川の左岸は船迫（ふなばさま）宿として栄え、右岸には先の『樅ノ木は残った』（伊達騒動）の主人公・原田甲斐（はらだ・かい）の船岡城と船岡城下町があり、槻木宿が栄えていました。最近では仙台まで近い（約30分）ことから、仙台市近郊からの転居者も多いと聞きました。

4 妹たちのこと

　私には二人の妹がおります。次女・光子（みつこ）は昭和25年7月の生まれで、三女・彰子（あきこ）は昭和28年3月生まれです。二人ともかなりユニークな才能を持っていました。

column

《人間・門間 猛 》

【札幌農学校へ】

門間猛氏は 1886 年（明治 19 年）3 月 6 日に、宮城県遠田郡の北東部（現在の大崎市田尻）にある大貫に生まれた。大貫村は明治維新まで涌谷館主・伊達家の領地だった。村は山と丘にすっぽりと囲まれた「すり鉢型」の盆地で、静寂で平和だった。だが、村民の暮らしは貧しかった。この年、仙台では「仙台神学校」（現東北学院）と「宮城女学校」（現宮城学院）が開校した。

猛氏は大貫小学校（明治 6 年開校）を終了すると旧制一中（後の仙台一高）に進んだ。父・平五郎は子息の教育に厳しかった。平五郎は猛氏を旧制中学時代は親戚である仙台・矢野家の矢野長利・橘夫妻のもとに寄宿させた。矢野家は旧伊達藩士で、日常生活の礼儀作法は昔のままだった。矢野家では勉学のかたわら「書生」として厳しく育てられ、高い倫理観と厳しい自己規律を身につけた。

旧制一中を卒業後、猛氏は日本最初の官立農学校である「札幌農学校」（後の北海道大学農学部）へと進み、「森林科」を専攻し、植林の研究を積んだ。札幌農学校の主な修学科目は、代数、幾何三角術、物理学、気象学、化学、地質学、土壌学、動物学、植物学、漢文、図画、森林測量、同実習、造林学、同実習、森林数学、森林利用学、林産製造学、同実習、森林経理学、同実習、森林保護学、森林管理、経済学、法律大意及び森林法、林政学、農学大意、財政学、狩猟術、実地演習、兵式体操などであった。

「札幌農学校一覧」には、1903 年（明治 36 年）から 1906 年（明治 39 年）までの在籍者名簿の中に「門間猛」の名が見える。「札幌農学校森林科に在籍」とあり、その下に「平民」とある。となりには「士族」（旧武士）とあり、士族と平民が平等に学んでいたことがわかる。その在籍者名簿の冒頭には、理学博士・農学士となり、教授となった「宮部金吾」がいた。宮部は 1877 年（明治 10 年）に 2 期生として札幌農学校へ入学し、新渡戸稲造・内村鑑三と共に「三秀才」と称され、敬虔なキリスト者となった。卒業後は開拓使御用掛となり、1881 年（明治 14 年 11 月）に東京帝国大学へ派遣され、1886 年（明治

19年7月）に植物学研究のためハーバード大学へ留学、帰国後、札幌農学校の教授となっていたのだ。その後、森林科は「林学科」と改称（1905年3月）され、卒業生は「林学得業士」の称号を与えられ、猛氏も「林学得業士」の学位を得た。

【植林一筋】
猛氏は札幌農学校を卒業後、炭鉱汽船株式会社に入り、林業部門の研究で台湾に渡り、再び北海道に戻って北海道道庁林務課に勤務し、演習林の植林一筋に尽くした。1918年（大正7年）12月の演習林のスタッフ名簿には、「氏名：門間猛」「勤務地：演習林事務所」「演習林における職名：助手」「学位（出身校）：林学得業士（札幌農学校林学科）」「農学部における職名（所属、担当）：助手（林学担当）」とある。1924年（大正14年）10月、1925年（大正15年：昭和元年）10月の演習林のスタッフ名簿にも同様の記載が見える。（参考：「北海道帝国大学農学部附属演習林のスタッフ構成と事業に関する一考察」、佐々木朝子、北海道大学文書館年報第15号、2020）

【初代組合長として】
ところが、1926年（大正15年）、父・平五郎が病気のため死去。猛氏は家業を継ぐため帰郷する。だが、その旧態依然とした村の姿にぼう然とする。小学校を出てから、仙台、北海道と20年近い月日が経っていた。以来、「村復興」が猛氏の使命となった。

『大貫村物語──苦闘の農民史──』（大崎タイムス社、1978）にはこう書かれている。「幸いにも村長ら村の重臣は、慢性的な常習冠水田の解消と原野遊水地帯の開墾に村の命運をかけて取り組んでいた。門間翁（猛）も率先して参画した。昭和6年（1931年）5月から有限責任信用販売購買組合の設立に奔走し、同年9月12日に県認可を得て初代組合長となった」……。

また『宮城県遠田郡大貫村』（産業組合中央会、1941年：昭和16年）には、「大貫村は宮城県の中でも貧村で、納税成績もすこぶる不振だった。北上川河川工事によって水害の憂いがなくなり、国庫助成を受け、開拓工事に着手。そして経済更生の中心となったのが産業組合であった。部落単位で組織されていた信用組合を発展的に解散し、村単位の産業組合を組織、その中心として働いたの

が門間猛氏である。組合長として学識高く、村民の敬慕篤き門間猛氏を仰ぎ、組合役職員一同よく力を合わせ、村の経済更生のため努力してきたのである」と記されている。

【いずれ解放され、小作農がいなくなる】

貧しくとも平和だった大貫村から若い兵士が次々に出征し、散華した戦争も終わり、日本はGHQ占領下におかれた。最高司令官マッカーサーは「農地改革」（農地開放）を指令、地主の多くが没落した。門間家も例外ではなかった。

門間家は村屈指の地主だった。水田・畑・山林など広大な土地を所有していた。水田だけでも6ヵ村合わせて313.9町、畑30町、山林50町という広大な土地を所有していた（1町：約10,000平方メートル、3,000坪）。旧正月には必ず小作人を集めて「振る舞い」を催し、樽酒を囲んで酒盛りを徹夜で行なった。この習わしは農地解放まで続いたという。大貫村では「小作争議は一度も起きなかった」（古老）。貧しかった大貫村の小作農民が地主に対して不満を抱かなかったのは、無謀な年貢の取り立てがなく、反対に慈悲深い地主として尊敬されていたからだった。猛氏は、小作農民が「田畑を持ちたい」と相談に来ると安く土地を分譲してやり、手持ち資金が不足する場合には金策に奔走したほどだった。猛氏は「いずれ地主制度が廃止され、すべての農民が自作農になる」と家人にもらしていたという。村の農家の8割近くが「小作農」だった。

この農地解放で門間家は、水田313.9町、畑30町がすべて小作農民に二束三文で売却され、「いずれ解放され、小作農がいなくなる」との予言通りとなった。懇意にしていた地主が門間宅を訪れて、「田畑を開放し、国の補償金が出る」と語ったところ、猛氏は「負けた国から何を補償してもらうというんだ」と激怒し、補償金の交付を突っぱね、国、県、そして村当局を当惑させた。村当局は子息の正氏を説得し、なんとか補償金（100万円）を受理してもらい決着をみたが、「とにかく竹を割ったような性格の持ち主で、善悪をはっきりする人だった」。

また在村耕作地主である門間家は3町まで保有権限があったが、凶作との闘いの末に自作農になれた小作農民の喜びを我がことのように喜び、あえて法律で認められた3町の耕地までも解放した。一族の中には「これからの生活をどう

する」と諭す者もあったが、"ガン"として受け付けなかった。幸いにも山林が対象区外となっていたため、山林50町歩が残った。この山は「分収林」とし、部落の人たちに小作してもらい、一部を青年の山に提供した。猛氏は「薄命を土に生きて、土に泣き、土に歓喜した農民」に寄り添い、自分のことのように思いやった。

【村長として】

猛氏は、戦後の1951年（昭和26年）4月25日から1954年（昭和29年）5月2日まで大貫村の村長を務めた。そして1954年（昭和29年）5月の田尻町との合併を手がけた「廃村」の役を果たした村長でもあった。

合併の会議は昭和29年3月15日午前11時から門間村長宅で開かれた。これは猛氏が風邪をこじらせ、病床に伏していたためであった。猛氏は高熱を押して参加、田尻町は4カ町村の合併を強く希望したが、「中埣（なかぞね）を除いて合併しよう」との意見が出され、4カ町村合併派と3町村だけの合併派で意見が対立した。結局、田尻町・沼部村との3町村合併で落ち着き、4月12日合併調印式が行なわれた。27日には県の認可がおり、5月1日に閉庁式を行ない、3日に新制の「田尻町」が誕生した。

猛氏は不言実行の人であった。地元有力紙には「農業協同組合、大貫村役場、国保大貫診療所など、この地区のおもな公共の建物はすべて門間さんの力によるものといっても過言ではない。かかる建物のために、自分のもっている山から多くの資材を切り出している。しかしどれだけ切り出しているのかわからない。自分の功を語らない人だからである。また、この村から向学心にもえて進学したものの、経済的に恵まれず困っている学生たちにひそかに援助してやったことも10指を越えるというが、このことについても"いや、そんなことはありません。ただもっと育英資金が貧しい学生たちに与えられるようにならなければ"と語るだけである」（「郷土に生きる人々」）と記されている。

【キリスト者として】

猛氏はキリスト教を村民に伝道した。毎月1回、自宅でバイブルクラスを開き、20人を超す若者たちが集まった。第二次世界大戦中でも聖日礼拝を厳守した。終戦の20年12月24日には自宅を開放して村で初めての「クリスマス」を開

くなど、いっそう伝道に力を注いだ。秋保孝次・日本基督教団仙台広瀬河畔教会名誉牧師は「世と教会に捧げ尽くす」にこう記している。

「門間さんは聖日礼拝を厳守された。戦争が激しくなったころ、一般に聖日礼拝を守ることは容易なことではなかった。空襲警報がひっきりなしに鳴り響き、人心は落ち着かず、家をあけることは不安、道ゆく人影もまれで、電車も止まった。しかし門間さんは山屋敷の住宅から30分以上歩いて、毎週礼拝を厳守された。その当時、門間さんは教会の長老として、会計の重積をせおっておられた。礼拝出席者が減り、戦災にあった会員も少なくなく、財政困難に陥り、牧師謝儀なども苦心された。しかし門間さんは自分の責任として、みごとに切り抜けられた」。また仙台河畔教会教会堂新築の際、「建築資金を募集することは容易なことではなかった。ところが、募金運動を開始しようという時に、門間さんは“その建築に必要な木材をいっさい献納する”と申し出てくださった。そしてこのことが一同を大いに励ましたのである。その後、耐火の鉄筋コンクリート建てにしようということになり、建築計画がずいぶんかわった。門間さんに相談すると、木材のかわりに、それに相当する150万円の献金を約束してくださった。会堂が建つまではいっさいの修繕を控えようといって、自宅の畳がえもやめて祈っていた門間夫妻だったが、夫人は会堂建築中、門間氏は完成後間もなく天に召された。しかも入院中で、完成した会堂を見てもらうことはできなかった」。

猛氏の夫人・小春氏についても触れておきたい。秋保牧師夫人は小春氏の昔日の面影をこう綴っている。「戦時中、何も買うことができず、年の瀬も迫り、いよいよ明日は新年を迎えるというのに、おもち一片ないさびしい正月と諦めていたとき、元旦早く、戸を叩く人がある。起きて戸を開くと、そこに小春さんが立っておられた。小春さんは寒風をついて、遠く大貫から、おもちを背負って来てくれたのだという。喜ぶ子どもたちと共に、雑煮をいただいて、新年を迎えた楽しさは、今なお忘れることのできない深い思い出である」と。秋保牧師は記す。「『彼は死んだが、信仰によって今もなお語っている』（ヘブル11・4）とあるように、門間夫妻は今なお私たちの追憶のうちに生きている」……。

（編集部記）

2

聖ドミニコ学院入学

（幼稚園・小学校）

1953年～1961年

5歳：1953年（昭和28年）12月 …紅白歌合戦、日劇から公開放送
6歳：1954年（昭和29年） 6月 …自衛隊発足
7歳：1955年（昭和30年）   …武景気始まる
8歳：1956年（昭和31年） 7月 …「もはや戦後ではない」と規定
                       12月 …国連に加盟
9歳：1957年（昭和32年）12月 …NHKでFM放送開始
10歳：1958年（昭和33年）11月 …皇太子明仁親王と正田美智子さんの婚約発表
11歳：1959年（昭和34年） 4月 …皇太子（現・上皇陛下）の結婚パレード
                       9月 …伊勢湾台風
12歳：1960年（昭和35年） 2月 …浩宮（現・天皇陛下）誕生
                       5月 …チリ地震津波
13歳：1961年（昭和36年） 8月 …ベルリンの壁が構築される

【聖ドミニコ学院の沿革】

仙台市青葉区角五郎 2- 2 -14
1911年（明治44年）：礼拝堂が建設（現在は取り壊されている）
1931年（昭和6年） ：本部より5人の修道女来日、カナダ管区ドミニ
                   コ会修道院開設
1933年（昭和8年） ：暁の星学院（外国語教育）を設立
1937年（昭和12年）：暁の星幼稚園（現在の聖ドミニコ学院幼稚園）
                   を開園
1953年（昭和28年）：聖ドミニコ学院を創立。小学校を設立

【聖ドミニコ学院の校歌】（一節のみ掲載）

照らす清朗（せいろう）の星よ
聖なるドミニコ
注げ信仰の光
清き青春の心に
時のはやせに
流るる星影
真理の標語（ひょうご）胸に
おおしくゆかまし
　　　　　　（聖ドミニコ学院のホームページより）

1 聖ドミニコ学院幼稚園・小学校に入学

幼稚園受験

　女子師範（現・宮城教育大学）の付属幼稚園の試験を受けたのです
が、試験で落ちたのか抽選で落ちたのかを母は、はっきり私には言いま
せんでした。受験を終えた日の夕食が、たしかお蕎麦だったと思うので
すが、以後、私はお蕎麦を食べると頭が痛くなるのです。最近は蕎麦ア
レルギーなる病気もあるようですが、前述から推測すると、たぶん試験
で落ちたのでしょう。これ以降は妹たちも付属幼稚園を受験させること
はせず、皆、ドミニコ学院にお世話になりました。

　修道院の一角にあった日本家屋の縁側で、祖母の小春さんがシスター
（当時は「童貞様」と言っていました）に、「この子たちには小さいうち
から神さんのことを教えたいからこの幼稚園に通わせたい」と話してい
た記憶が鮮明に残っています。

　幼稚園には、出勤前の父が毎朝、自転車で送ってくれていました。あ
る年（たぶん伊勢湾台風だったと思うのですが）、広瀬川にかかる「牛
越え橋」が崩落し、板張りの橋の上を歩いて学校に向かったのですが、
橋の下をゴーゴーと水が流れていて、本当に怖かったです。

初めてのピアノの先生

　幼稚園に入って少し経ってから、母の先輩である柴山よ志子先生のと
ころにピアノを習いに行くようになりました。先生のお宅までは、子
供の脚で1時間近くかかっていたように思います。初めてのピアノの先
生、たぶんこの先生のおかげで不十分ではありますが「絶対音感」が身
に付いたようです。後でわかったことですが、娘さんがダウン症だった
そうです。当時は、レッスンの度に一緒におやつを食べていたので、
レッスン仲間と思っていました。冷たくかじかんだ手でレッスンにやっ

てくる私の手を火鉢の上で温めてくださった先生の手を思い出します。

　レッスンの内容はほとんど覚えていないのですが、『メトードローズ』という教則本と、先生の娘さんとおやつを一緒に食べたことぐらいしか記憶にありません。私が60歳を過ぎた頃に、母・和子さんは4歳のひ孫を見ながら、「こんなに小さかった時に、一人でピアノに通わせたなんて鬼のような母親で悪かったわね」と謝ってきたことがありました。

その後のピアノと私の関係

　小学校に入学してしばらくしてからは、ピアノは柴山先生からエンマヌエラ様（佐々木正子先生）に代わりました。佐々木先生は色の白い素敵な方でした。仙台にある大企業のお嬢さまだったそうですが、宮城学院の音楽科を卒業後、修道院に入られた人でした。

　私が小学生だった頃、仙台市内では初級、中級、上級と分かれた小中学生のための音楽コンクールがありました。ピアノを習っている人はこのコンクールに出ることが当然のような風潮がありました。私はいつも不合格なのに、幾度も出ることを勧められました。佐々木先生の門下生・佐藤久美さんは「上級」で合格していました。宮城学院女子大音楽科に入った時のクラスメイトには、その時の上級合格者がたくさんいました。その技術に大差ないことに我ながらほっとしたのですが、大きな違いはいざという時の心臓の強さだと思いました。そして、皆、仲良しの友だちになりました。

　このコンクールに出る前には、母の同級生である瀬戸堯子先生のところにレッスンに連れて行かれたのですが、震えてばかりいて、何を言われたかほとんど覚えていませんでした。しかし、2台のグランドピアノが並んだ「お霊や」（地名で「おたまや」という）のレッスン場のことは記憶にあります。この先生は仙台で優秀なピアニストをたくさん育成していたのですが、私には「もっとやさしい先生を」ということで、庄司知子先生を紹介していただき、中学からは庄司知子先生に師事するこ

とになりました。

ドミニコ小学校の生活

　当時の小学校の教室は仮校舎の「かまぼこ兵舎」（トタンでできた半円筒形の建物）で、夏は暑く、冬は薪ストーブで暑いくらいでした。どれくらいの期間その教室で学んだかは忘れましたが、それほど長い間ではなかったと思います。数ヶ月後には4階建ての立派なコンクリートの校舎に引越しました。

　小学校は、制服とランドセルは決められていて、校章の入った黒い皮のランドセルにはがっかりでした。近所の横山ひろこちゃんの赤いランドセルがとてもうらやましくて、仕方ありませんでした。ドミニコの学校生活は、ひと言で言うと「我慢の多い生活」でした。カトリックにそのような教義があったように思います。これを我慢したられん獄にいる人を助けることになると言われ、いろいろなことを我慢させられました。

　私たちは「給食」というものを知りませんでした。そのことをかわいそうと思った母親たちが、月に1回だけ給食らしきものを調理してくれました。主にホワイトシチューだったと記憶していますが、ひき肉と野菜の入った給食は楽しみでもありました。いつもは勉強する机に、それぞれが用意したテーブルクロスをかけ、お祈りをしてから食べる給食なるものは儀式のようでもありました。クラスメイト皆で同じものを食べるという楽しい思い出でもありました。その母の会は、皆でフランス語を学んだり、佐々木先生と合唱をする時間も持っていたようです。

先生方

　「シスター」といわれた先生方は、黒いベールをかぶって、白の長い洋服を着ていました。子供だった私たちは、ベールの下に髪の毛があるのだろうかと疑問に思い、幾度かそのベールをひっくり返すような悪戯

をしていました。クラス担任は、小学校1、2年はドロテア様、3、4、5年はクレメンシア様（村本智子先生。1929 ～ 1988年）で、6年はテクラ様でした。このユニークな先生方から知らず知らずに大きな刺激を受けていたと思うのですが、言葉で表現するのは難しいことでした。体育と理科は外部の講師で、理科を習った外部講師が宮城学院にも教えに来ていたことは驚きと共に、うれしかった覚えがあります。

同級生たち

　なにしろ、1クラス20人前後で、小学校全体でも100名ぐらいでした。学校はこのようなものと思っていましたから、中学で入学した宮城学院の1クラス50人には驚きでしかありませんでした。夏休みは東京・世田谷にある同じ聖ドミニコ会の小学校と仙台で合宿を行ないました。言葉や服装の違いにびっくりでした。ドミニコ小学校に入学したことで、ご近所・山屋敷の子供たちとは疎遠になってしまいました。

●三國（山崎）益美さん

　三國さんは小学校時代の最初の友人でした。エリテマトーデスという難病を乗り越え、生涯の友人関係が続いていましたが、60歳代で亡くなってしまいました。

●近江（梶野）哲代さん

　近江さんは晩年、脳梗塞を抱えながら、車椅子で東京を一緒に遊んだりしました。

●玉淵均さん

　玉淵さんは5年生で槻木の小学校から転入学してきた人でしたが、見事な算盤と暗算ができることに驚異をもって見とれていました。2023年の年賀状によると、孫が10人いるおじいさんになっていました。

修学旅行

　仙台市内の公立の小学校の修学旅行は福島まででしたが、私たちは

東京でした。世田谷のドミニコ会修道院に泊まり、後楽園や渋谷駅横の「東横デパート」で買い物をしたりしました。東横デパートでは私たちの東北弁丸出しのおしゃべりに声をかけてくるお客様もいました。お土産と思って買った「海苔」は、母から「これは仙台湾でとれたものだよ」と言われてがっかりしたものでした。

小学校時代──心に残っていること

　正確な記憶ではないのですが、小学校の3、4年の頃に、1年上の学年の田村優子さんが腎臓病で亡くなりました。優子さんには理意子さんという妹がいました。その人が私たちと同級生でした。クラス皆で田村さんのお宅に伺いました。小さな棺に入った優子さんは、私が見た初めての遺体でした。悲しいというより、一緒に遊んでいた友だちが動かなくなっていることに驚きしかありませんでした。その理意子さんは、後に家庭裁判所の仕事に就きました。50歳を過ぎてから、風の便りに「門間さんのような仕事に関心を持っていて、会いたがっている」と聞きましたが、会えていません。理意子さんもとても優秀な人でした。

私のまわりにあった音楽

　小学校時代で、心に残っている歌やメロディーは、「野バラ」（シューベルト、ウエルナー）、合唱コンクールの課題曲「花のまわりで」は、練習していない時もこのメロディーが頭の中を回っていました。「パパと踊ろう」（子供の笑い声とともに父らしき人の声が入っている）や「トロイメライ」のレコード、当時はドーナツ版のレコードとラジオしかありませんでした。「御ミサ」の度に聞いていた音楽が「グレゴリア聖歌」であったということを知ったのは、大学生になってからでした。また、学校にはパリの「木の十字架合唱団」などが来たりすることもありました。時には共演の機会もありました。

小学生時代の日常生活

　映画は時には家族全員で行きました。印象に残っているのは、和波孝禧さんの映画『いつかきた道』、ほかに『汚れなき悪戯』、『喜びも悲しみも幾歳月』、『細雪』で、後の二つは親が見たかったようで、放課後家族全員で映画館に行きました。『喜びも悲しみも幾歳月』の主題歌「灯台守の歌」を聞くたびに当時を思い出します。もう一つの谷崎潤一郎の『細雪』はよくわかりませんでした。

　寝る時に父が読んでくれた本には『若草物語』、『愛の一家』、『赤毛のアン』などがありました。この頃の両親の楽しみは、方眼紙に家の間取りを書くことと、家族みんなでトランプをするなど、お金のかからないレクリエーションでした。

　今は東北大学の敷地になってしまい、自由に入ることはできなくなってしまいましたが、私たちが子供の頃は山屋敷の奥の藪山の中に入り、今でいう「アウトドア」でバーベキューをしました。春は山菜とり、秋はキノコ狩り、冬はもみの木を取ってきてクリスマスツリーを飾ったりと、自然と共に暮らした生活は楽しいものでした。夏も父は山に行っていましたが、私はついていきませんでした。それはヘビが出るからです。

クリスマスと進駐軍

　クリスマスの時期になると、たくさんのお菓子をもって「進駐軍」の人たちが我が家の庭のヒイラギ（柊）をもらいに来るのです。ちょっと横道にそれますが、仙台にいた進駐軍の敷地を通るには、特別な許可証が必要でした。常にそのパスを携帯していて、進駐軍の門番の人にパスを見せながら通行する必要がありました。進駐軍の撤退と同時にこの習慣はなくなりました。そして、兵舎は東北大学の教室にかわり、住宅は東北大学の職員住宅となりました。その住宅に住んでいたドミニコの友

だちの家を訪ねた時、初めて洋式のトイレを見ました。当時はどのように使うかを知らなかったので、今思えばとんでもない使い方をしていました。

　我が家では「天使園」（ドミニコ修道院の中にあった児童養護施設）の子供たちと一緒にクリスマスやひな祭りを祝いました。お雛様は子供が生まれるたびに一段ずつ買い揃えていました。それには大和おじさんも参加していました。お雛様のお祝いも天使園の子供たちが来ていました。彼女たちは修道院にない障子や襖（ふすま）が珍しかったらしく、開けたり閉めたり、それは大騒ぎで楽しんでいました。また母が作る料理を何でも喜んで食べる様子に、自分たちの日頃の"気まま"を思い知らされました。お正月は、役所の人たちが次々訪ねてくる習慣があったので、母はそのお料理を作るのが大変でしたが、次々出てくるお料理に私たちは唾を飲んで見とれていました。

　我が家は、ラジオでもテレビでも歌謡番組は聴かない家でした。ですからアイドル的な存在は持たず、流行歌も知らずに育ちました。三女の時代はテレビがだいぶ普及してきたので、彼女は「8時だよ全員集合」が大好きで、必ず見ていたのですが両親は批判的でした。

夏休みは祖父の家で過ごす

　小学校時代の夏休みは、私だけがほとんど大貫で猛おじいさんや従弟（いとこ）たちと過ごすことが慣習化していました。妹二人は仙台で過ごしていました。夏の楽しみは「セミ（蝉）取り」でした。「佃煮にでもするつもりか？」と小春ばあちゃんに言われてしまうくらい、当時は袋いっぱいにセミが取れました。あるとき、まだ羽化してないセミの殻を剥いていた子供たちに、「余計なことはするな、そのセミがどうなっているか、朝によく見てみなさい」と言われたのです。私たちは、おもしろがって殻を剥いたのではなく、苦しそうにもがいて殻から出てくる幼虫を助けたい気持ちからだったのですが、自分の力で殻を破りながら

出てくる幼虫に余計な手助けは不要だったのです。起きてから見てみると、私たちが皮を剥いたセミの悲惨な状況を知りました。

　教員になってから、この体験を生徒に話したのですが、とても子供たちの心に残ったようで、多くの生徒から感想が寄せられました。一人ひとりに、何が残ったかは私には十分計り知れないものがありましたが、彼らの何かの刺激になったのだと思います。

祖母・小春おばあさんが亡くなる

　小学校4年生の時に祖母・小春さんが亡くなりました。大貫から横たわったままの状態で山屋敷まで車で運ばれてきました。そして東北大学付属病院に入院しましたが、あっという間に亡くなってしまいました。お酒も飲まないのに肝臓ガンでした。

　その日は冷たい雨が降る日でした。霊安室という特別の部屋に寝かされていたおばあちゃんは、黄色い顔をしていて、昔のにこやかな小春さんではありませんでした。私が「遺体」というものを見た二人目の体験でした（初めては同級生のお姉さんの田村優子さんでした）。その後、大貫の自宅に運ばれて行き、皆で讃美歌をたくさん歌いましたが、「神ともにいまして、ゆくみちをまもーり」（讃美歌54年度版405番）は悲しい思い出とともに覚えた讃美歌でした。

祖父・猛おじいさんが亡くなる

　猛おじいさんは私が6年生の3月に亡くなったのですが、東大に合格した"はとこ"（再従兄弟。猛さんの一番下の弟の息子）の和夫さんと私の宮城学院中学の合格を同じくらい喜んでいたと聞かされ、「違いすぎる」と言った記憶があります。和夫さんは、聖路加国際病院の院長を務めた日野原重明先生の下で働いていた時期もあり、日野原先生が「門間君にケースを依頼したこともありましたよ」と話してくださったこともありました。青山学院高等部の生徒たちと追分寮で夏休みを過ごしてい

たとき、「ぼくは門間和夫先生の心臓手術のおかげで、今こうして元気にしている」と私に話しかけてきた人がいました。門間という名前が珍しかったからでしょう。

猛おじいさんは、ときどき山屋敷を訪ねて来ては孫たちを東一番丁（仙台で一番の繁華街）に連れて行ってくれるのですが、ご馳走してくれるのはいつも森永のミルクスタンドでした（現在はありません）。そして、着ている着物は、どこに行くのもモンペで、一緒に歩く私たちは気恥ずかしかった記憶があります。

いろいろな音楽に目覚めていく

●潮田まことさん

はじめはリードオルガンで練習していたことや、体が小さかったこともあって、私のピアノは弱々しい音しか出せませんでした。佐々木先生はそれを改善したくていろいろ試みたようですが、あまり変わりはありませんでした。ある日、いつものようにたらたらとピアノを練習していた我が家に潮田まことさんという東北大学の学生が訪ねてきました。道路に流れるピアノの音を聴き、「ぼくのバイオリンの伴奏をしてほしい」と突然我が家を訪ねて来たのです。今ならそんなことは考えられませんが、のどかな時代でした。

潮田さんとよく合わせた曲は「トロイメライ」（シューマン）や平均律一番（バッハ）の「アベマリア」でした。合奏がこんな楽しく心躍るものであることを体験させてくれた初めての人でした。それまでも小学校の同級生の山崎益美さんのマリンバや小田憲子さんのバイオリンの伴奏はしていたのですが、その時とはまるで違っていました。彼はあとで親同士が友人だったということがわかりましたが、潮田さんのおかげで東北大学の交響楽団の演奏会を定期的に聴きに行くようになりました。

●田所正路さん

東北大学交響楽団のステージに田所正路さん（チェロ奏者。2017年

没）がいました。小6で初めて憧れを持った男性でした。私はこの人に
あこがれて、後にチェロを習い始めたのです。あのようなオーケストラ
で弾いてみたいという夢を心ひそかに抱くようなったのでしたが、口に
したことはありませんでした。なんと！この夢が、後に宮城学院での弦
楽アンサンブルにつながったのです。

　音楽科3年生の時、私たちの大学の合唱の伴奏のためにチェロを抱え
た田所さんがやってきました。ほかにもたくさん楽器を抱えた人はいた
のですが、私は田所さんをみて顔が赤くなり、一人で恥ずかしい思いを
していました。ほんの乙女心でした。

2　中学受験

　いよいよ、聖ドミニコ学院から巣立つ時がきました。

　中学の入試という初めての試練、ベビーブーム時代の申し子である私
たちにとって、私立の受験は競争が激しく厳しかったのです。さらに、
ドミニコ小学校から外部の中学校を受験する人はいなかったので、母は
また必死の様子で、仙台ＹＭＣＡがやっていた塾に通うことになりまし
た。その講師が千葉春樹先生でした。シスター以外の人に勉強を見ても
らったのは初めての経験でした。母の同級生の川端安子先生は宮城学院
中学で数学を教えていたのですが、私立の小学校から受験する私と母に
いろいろアドバイスをくださいました。多くの人はそのままドミニコの
中学に進むのですが、私がドミニコをやめることを先生方は「残念だけ
ど仕方がない」と捉えていたようです。たぶん、宮城学院の音楽科に入
れたいと考えていた親の意向を汲んでのことと思われました。

　2月初めの受験の当日は、大雪が仙台の街を覆い尽くしていました。
そして私は熱を出していました。そのうえ、国語の試験で「十八番」（お
はこ）という言葉の意味を私はまるで知らなかったのです。それを聞い
た母は、「あーこれはダメだ」と嘆いていました。合格発表は怖くて見
にいけなかったので、翌日の新聞で合格を知りました。

「受かった！」……。その喜びの中でその朝、その年初めてウグイス（鶯）が鳴いている声を聞きました。2月上旬のことでした。それ以降、ウグイスの鳴き声が聞こえると、あの日の朝が思い出され、先が広がるような気分になります。ウグイスの鳴き声で春の訪れを心地よく迎えるようになりました。

　ウグイスの鳴き声のついでに、季節とは関係ない鳥の鳴き声ですが、山屋敷では「キジ（雉）の鳴き声」が地震の前に必ず聞こえるのです。都会では知りようのないことですが、あの「ケーン、ケーン」という声が聞こえると、地震が来る予兆として逃げる体制をとったものでした。

　宮城学院では1904年（明治37年）に初めて入学試験が実施され、40名の募集に3倍もの応募があったそうです。40名で切り捨てられず、70名ほどが入学になり、2クラスとなりましたが、進級が厳しくて、卒業時は16名に減ってしまっていたそうです。私が受験した年は、正確な数には自信がないのですが、250人定員に対して2000人近い応募者があったようです。二番丁にあった体育館は受験生でびっしりでした。

感動した卒業式

　ドミニコ小学校時代、最も感動した記憶は「卒業式」でした。卒業生が行進する時に流れていた音楽は「ラルゴ」（ヘンデル）でした。荘厳な雰囲気のなか、中学の制服（6年生となると制服はツンツルテンで、お辞儀をするとパンツがまる見え状態だったので、中学の制服を着ることが許されました）を着て、凛として歩いたのは忘れられません。式典と音楽の関係はこのへんに原点があるかもしれません。卒業時、同級生と交換したノートには、私に向けた聖句がたくさん書かれていました。

3

宮城学院中学校高等学校に入学
1961年〜1967年

13歳：1961年（昭和36年）　4月 …ライシャワー米大使着任
14歳：1962年（昭和37年）　8月 …堀江謙一ヨットで太平洋横断に成功
15歳：1963年（昭和38年）11月 …ケネディ大統領暗殺、
　　　　　　　　　　　　　　3月 …吉展ちゃん誘拐事件
16歳：1964年（昭和39年）10月 …東京オリンピック開催
17歳：1965年（昭和40年）　3月 …人類初の宇宙遊泳
18歳：1966年（昭和41年）　3月 …日本の総人口1億人を突破
19歳：1967年（昭和42年）　2月 …建国記念の日制定

【宮城学院の沿革 】

　　宮城学院は、1886年（明治19年）、押川方義（おしかわ・まさよし）とウイリアム・E・ホーイの二人が中心となり、「宮城女学校」として誕生し、エリザベス・R・プールボーが初代校長に就任しました。その後、時代や社会の変遷の中で福音主義のキリスト教信仰に基づく人間・人格教育を柱に独自の歴史を刻んできました。1907年（明治40年）には、宮城学院音楽科の基礎を築いた宣教師ケイト・I・ハンセン女史が来日し、質の高い教育が、なお受け継がれています。戦後の1946年（昭和21年）に校名を「宮城女学校」から「宮城学院」に改称し、1947年（昭和22年）に中学校、翌年に高等学校、さらにその翌年に女子大学が設置されました。そして1950年（昭和25年）に女子短期大学、1956（昭和31年）に付属幼稚園が設置されました。1980（昭和55年）には桜ヶ丘の地に新しいキャンパスを定め、東二番丁から総合移転した宮城学院は2016年（平成28年）に創立130年を迎えました。

【宮城学院校歌 】

　　　　　　　　　　　　作詞：土井晩翠　　　作曲：ケート・I・ハンセン
1、天（あめ）にみさかえ　地に平和　ひとにみ恵み　あけくれに
　　祈る尊き　み教えの　光をあおぐ　姉妹（あねいもうと）
2、ああ曙（あけぼの）よ　光明（こうみょう）よ　春よ　望みと愛と信
（しん）　嵐も雨も　むら雲も　我には示す　明日の晴れ
3、わが名にしおう　宮城野の　錦の郷（さと）に　日々に織る
　　あやを　心によそいつつ　聖なるわざに　いそしむ身
4、鳩のやさしみ　清浄（せいじょう）の　操（みさお）みどりの　橄欖
（かんらん）の　色はとこしえ　人の世に　神のほまれを　あらわさん
　　　　　　　　　　　　　　　　　　（宮城学院のパンフレットより）

1 中学校入学

　制服は母が縫ってくれました。ベレー帽子に赤いネクタイ、エンジ色のセーター、やはりこの学校に入れたことがとてもうれしかったです。入学式は小田信士学院長の青森なまりの声しか記憶にはありませんが、教室が古びていることに驚きました。そして、1クラス50人という人数が何よりも驚きでした。

　母も、母の姉二人も同じ宮城学院でした。母は中学生になると、小野田から兄たちが下宿しているところで一緒に生活を始めたそうです。姉たちは卒業していたので、母は放課後、友だちとクラブ活動をすることもなく、献立を考えてお肉屋さんに寄ったりして、兄たちの食事を作るという役割を持たされたそうです。1学期が終わって小野田に帰った時は、母（つやさん）の膝に顔を埋めて声を出して泣いてしまったと話してくれたことがありました。幸せなことに、私たち3人姉妹はそのような家事をさせられることもなく、学校生活を過ごすことができました。

　学校は8時15分に礼拝が始まるので、7時35分のバスに乗って向かいました。これは6年間変わりませんでした。学校に着くと、聖書の先生の愛川照子先生のご指導により、礼拝前には聖書を1章読むことが習慣づけられていました。宮城学院のクラス名は梅・桜・萩・菊・藤という名称でした。「宝塚みたい」と言われたこともありましたが、今もそのまま続いています。

先生と友人たち

●宮東彦太先生

　宮東先生は中学1年生の担任で、初めての男性の担任でした。ユーモアのある楽しいクラス運営をしてくださった数学の先生でした。私が宮城学院に勤めて同僚となった時は不思議な感じがしました。

●武田愛子先生

武田先生は宮城学院中高の音楽の先生で、学校とは別に大学の音楽教室の先生のお一人でした。私の"耳"に注目してくださった方ですが、当時はその意味はよく分かりませんでした。教員になった初めの1年間、よき指導者でした。

●佐々木自子（よりこ）先生

佐々木先生は中学1年生の時の音楽の先生。高校3年生の時、「歌わない生徒」と認識されていた私のボイストレーナーをしてくださった先生でもあり、私はこの先生のおかげで学校に勤めてからも生徒の発声を指導することができたのだと思います。

●森（佐藤）光子さん

森さんは宮城学院入学後、桜組の教室で私の前の席でした。ピアノも同じ庄司知子先生。卒業後は宮城県山元町坂元の公立中学に勤め、その後山元町の町長の奥さんになり内助の功を大いに発揮していました。地域で合唱団などを企画したり、町内で人望が厚かったと聞いています。

●片山（阿部）キヨさん

片山さんは桜組でとなりの席だった人なのですが、幼児期に電車事故で片腕を失っていました。雑巾の絞り方が独特で、手伝おうとするとはねけられました。ほとんどのことを自分一人でやっていました。大人になり、仙台広瀬河畔教会で再会したのですが、母の葬儀の時は受付などを手伝ってくれてとても助かりました。

クラブ活動

私の中学時代は、クラブ活動は「つぼみ会」ともう一つ何かに入っていたのですが、記憶は曖昧です。この頃からスポーツにはまるで関心もなく、どこのクラブにも入っていませんでした。中学では、授業と授業の合間の短い休み時間は狭い中庭に出てドッチボールをよくやっていました。もちろん私はやりませんでしたが……。「つぼみ会」という活動

は、YWCAの子供版のような活動で入会は自由でしたが、ほとんどの人が入っていました。夏休み中には、鳴子温泉の「鬼首」（おにこうべ）で2泊3日の修養会が行なわれました。これはほとんどの先生方の参加がある大きな行事で、クラス外の友人や上級生の友だちもできるような集まりでした。そこで見る先生方は学校内とはまるで違って、楽しいお話を聞くことができました。

●ランディス先生

　この活動（つぼみ会）には、ランディス先生の存在が大きかったと思います。先生は1953～1985年の32年間、日本で宣教師として働いてくださいました。私たちが小学生だった頃にも、大貫（父の実家、門間猛さんの家）の家庭集会の場で、幾度か人形劇を披露してくださって、近所の子供たちを喜ばせてくれていました。先生からは、後にハンドベルの寄贈があり、この学校の音楽教育と全国に広がったハンドベルの活動に宮城学院も加わることができました。

宮城学院のクリスマス

　中学に入った頃は驚きばかりの学校生活でした。とくに感動したのは、全校生で歌う「ハレルヤコーラス」でした。11月頃から、学年ごとの「キャロル」と「ハレルヤコーラス」（メサイヤの中の1曲）の練習が始まります。女声用の三部に編曲された合唱の楽譜での練習でした。中学1年生はメゾソプラノ、中学2年生はアルト、中学3年生はソプラノのパートを練習します。そのほかに学年ごとのキャロルの練習もありました。3年生が歌う「オーホリーナイト」を初めて聞いた時から、「早くあの歌が歌いたい」と憧れをもって上級生の合唱を聞いていました。満天の星を見上げながら、川内の構内（東北大学内）で、習ったばかりの讃美歌を大声で歌って家に帰ったこともありました。「くーしき星よ、やーみの夜に♪……」（54年度版118番）をよく歌いました。

反抗期の始まり

中学2年生頃に始まった反抗期は、当時の母は「担任の斉藤昭先生が悪いから、こうなった」と盛んに言っていました。反抗期なるものを母は知らなかったと思われます。この頃から、あまり自分の心の内を他人には言わなくなったように思います。

　秋保孝次さんは東六軒丁教会（のちの広瀬河畔教会）の牧師さんで、妻の澄江さんは母方の伯母、引退後は我が家の敷地内でしばらく生活していました。私の宮城学院への入学は当然のように受け止めていました。中学校の聖書の宿題を言い訳に、よくこの家に遊びに行っていました。

　家に帰ると、母がFMで流れていた音楽をテープレコーダーに録音してくれていたので、時間がある時はそれを聴いて過ごしていました。モーツアルトの「お母様きいてちょうだい」の変奏曲は、ピアノの曲がこんな風に変わっていくのかと、とてもおもしろく感じた最初の曲でした。まわりの同級生が、スターの話をしていても、私はほとんど関心を持ちませんでした。

2　高等学校入学

生物クラブに入部

　宮城学院は6年までの一貫校だったので、選抜試験はありませんでしたが、一応外部の人と同じ試験が実施されました。高校生になってのクラブ活動は生物班で、「アメリカシロヒトリ」（ガの幼虫：毛虫）の研究をしていました。

●小倉英男先生

　小倉先生はクラブの顧問で、穏やかな生物の先生でした。当時のクラブの研究内容は、仙台市内に広がり始めた「アメリカシロヒトリ」の市内での広がり具合や、どのような農薬が効果的に撒布されているかなどを市役所に行ったりして調べたりしましたが、調査という範囲以上の研

究成果はありませんでした。借りていた空き教室中を毛虫が這っていたこともあり、そのたびに小倉先生が悲鳴を上げていました。小倉先生は宮城学院を辞められてから、妹さんがいらした吉祥寺に住まわれていたので、時々遊びに行きました。吉祥寺駅前のマンション暮らしは先生に合わなかったようで、あっという間に亡くなられてしまいました。

　生物クラブの活動に戻りますが、学校の別地にあった「愛子」（あやし）の周辺で植物観察もしましたが、畑を見て「これは人参の葉」、「これは大根」といった具合で、私には驚きの植物観察会でした。なぜなら自分の家の畑にはそのような野菜はたくさん植えられていたからです。そのクラブの中に、後に東大の農学部で「自然と庭づくり」を都市計画の中に取り入れていった石川（旧姓：松尾）幹子さんがいました。

　後に出会った岐阜県各務原（かかみがはら）市の市長から、「ある人の提案で公園墓地を作ったんだよ。ホールもあるから、よかったら、音楽療法研究所でも使ってほしい」と言われ、幾度が使わせてもらっているうちに、「ここはもしかしたら石川さんの提案の施設では？」と思うようになり、市長に伺ってみるとまさにその通りでした。「岐阜の自然がうまく取り込まれ、ホールのほかに動物のお墓もあり、岐阜県民はもとより、各務原市民からも好評なパークになっている。ぼくは石川さんが好きなんだよ」と言っていました。

英語が苦手

　私の大きな挫折は「英語」にありました。ドミニコですでに英語はある程度話せるようになっていたのですが、鏡を見ながら、発音を覚えていく方法は今までの発音と異なっていたため、英語の時間がイヤでたまりませんでした。ある時、赤城恭子先生という方がアメリカから一時帰国され、その間、高校で英語の講師をしてくださいました。大嫌いだった英語の授業が初めて楽しいと思ったひと時でした。その後、先生は帰国したアメリカで交通事故のため亡くなってしまいました。

初めてピアノ伴奏をほめられる

　高校3年生になると、それまでは週2回の音楽の授業は週1回になってしまいました。あるとき、外部講師の斉藤洋子先生が何かのご都合で遅れていらした時、前後のことは忘れましたが、いつもの私らしくなくピアノの前でクラス皆の伴奏をしていたのです。たしかハイドンの「天地創造」の一曲だったと思います。その時は伴奏をしながら、クラスメイトとの一体感がとても心地よく感じたことをうっすらと覚えています。そのうえ、到着した先生はその合唱の伴奏をほめてくださったのです。ピアノをほめられたのは初めてぐらいの体験でした。その後、先生は授業をせず、これからの人生で音楽がどれだけ一人ひとりを助けてくれるものになるかという話を続けられたと記憶しています。

刺激を受けた音楽

　高校時代の思い出は映画『サウンド・オブ・ミュージック』や『ウエストサイド・ストーリー』を同級生と観て、大感動した記憶があります。それをみた幾人かの同級生たちは踊って、歌っていました。

　宮城学院に入学してから、ピアノは瀬戸先生に紹介していただいた庄司先生に代わりました。庄司先生は中学から大学卒業まで出来の悪い私に根気強くピアノを教え続けてくれました。「あなた、庄司先生のお弟子さんでしょ」と周りの人から言われるくらい、服装の色やちょっと冷たいものの言い方は似ていたそうです。娘さんが私たちと同級の年齢だったのですが、お母さんと同じ学校はイヤということで、娘さんは「尚絅（しょうけい）女学院」に通っていました。

4

宮城学院女子大学音楽科に入学
1967年〜1971年

19歳：1967年（昭和42年）　6月 …中東戦争始まる
20歳：1968年（昭和43年）　8月 …札幌医科大で日本初の心臓移植
21歳：1969年（昭和44年）　7月 …アポロ11号人類史上初の有人月面着陸
22歳：1970年（昭和45年）　3月 …大阪万博開催
23歳：1971年（昭和46年）　1月 …文科省指導要領改訂

音楽科に入学、そして大きな刺激を受けた先生

やっと入学した大学、母に「パーマくらいかけてきたら」と言われ、近所の美容院でパーマをかけたら、すっかりおばさんのようになってしまいました。ピンクのスーツに身を包んだものの、何かぎこちない1年生でした。

●伊藤久子先生

3年生になると、副科の楽器を選択できました。私は松原茂先生にパイプオルガンを教わろうと思っていましたが、伊藤久子先生から「あなた、私のところに来なさいね」と声をかけられ、その後は教会でも大学の礼拝などでも先生のピンチヒッターをさせられたため、とても鍛えられました。私が学校を辞めた時、「新しい領域でがんばりなさいよ」と葉書に書いて送り出してくだったのに、その数ヵ月後、自宅近くで交通事故のため亡くなってしまいました。

●カンデフ先生

カンデフ先生には、幾度も落ちる「ハノン」（ピアノを学習する初心の人が毎日行なう指の基礎練習）の試験の際、「キミは音がきれいだから問題ない」と励まされ、とても心強く思いました。先生は教会の聖歌隊の指揮者もなさっていたので、年に1回は私たちを自宅に呼んで、メイドさんが作った食事をご馳走してくださいました。当時は洋館に入るのも珍しかったし、食事も美味しかった。そして、先生の伴奏や指揮で次々歌った時間は青春の楽しい思い出のひとつでした。

●松原茂先生

松原先生の専門はパイプオルガンでした。前述のような訳で先生にオルガンを学ぶことはできませんでしたが、授業では和声と対位法を教わりました。「対位法」の試験で59点をつけられ、震えて先生の研究室に行くと、「59点と60点の違いは大きい」ということを切々と説明され、勉強のし直しをさせられました。後に所属していた私たちの合唱団の演

奏旅行に同行してくださったり、シュトゥットガルトのヘルムート・リリング氏の自宅に私も連れて行ってくださいました。ドイツの旅行中は大学とはまるで異なる先生の優しい面を知りました。

教会生活

　教会はかなり小さい頃から祖父母・両親に連れて行かれて通っていました。初めの頃は東北学院の礼拝堂で日曜の礼拝を行なっていました。この頃からパイプオルガンの伴奏で讃美歌を歌っていました。

　戦後の世の中も落ち着いてきた頃、「自分たちの教会を」ということで、東北学院や宮城学院の教職への伝道を目的に、学院の校庭に隣接した場所に「広瀬河畔教会」が新しく作られました。初めの牧師は秋保孝次先生でしたが、老齢のため桜井重俊牧師が招聘されました。当時、この教会の会員は神学博士が大勢出席している学者の集まりのような教会でした。桜井先生は訳あって、山形の教会に代わってしまいましたが、私は奥さんと共に好きな牧師さんでした。この牧師さんから20歳のクリスマスに受洗しました。我が家では洗礼も受けていない両親が、私が教会に行くのが当然という感じで、毎週日曜日、家から送り出されて広瀬河畔教会の礼拝に出席していました。

　聖歌隊は、カンデフ先生の指導のもと、四声部の混声合唱を楽しみました。聖歌隊の席は畳部屋で、歌う直前に立ち上がるのですが、脚がすっかり痺（しび）れてしまって、立てないことがありました。ふらついた私を支えてくれたのはカンデフ先生で、先生に思わず抱きついてしまいました。

　「CS」（教会学校）といって、子供たちのクラスも受け持たされていました。倉松功（いさお）先生という神学博士の娘さんの倉松向子さんも参加していて、彼女は教会での出来事をよくお父さんに話していたそうで、私が変なことを言ったのではないかとヒヤヒヤものでした。

アルバイト

　今では考えられないことですが、私たちの大学は3年までは「アルバイト」は禁止でした。ついでに、ジーパンで登校することも認められていませんでした。

　私たちのバイト初体験はまず「職安」に行くことからスタートしました。くじを引いて当たった2つの仕事を佐藤光子さんと分け合いました。東北公済病院の検査室でのアルバイトが初めての経験でした。そして、そのバイト代で光子さんと青森旅行、竜飛岬（たっぴみさき）に行きました。青函連絡トンネルの試験掘削工事の頃で、国鉄の研究所の職員のおじさんと知り合いました。社会人と初めておしゃべりをしたように思います。後にこのお二人から、「あなたたちのような大学生と話をしたのは久しぶりで楽しかった、お家の方によく説明してください」と、ていねいなお礼状が届きました。そのほかの人ともいろいろしゃべった覚えがあるのですが、何も知らない当時の私たちが無事に帰ってこられたのは奇跡だったかもと、光子さんと後になって話した覚えがあります。

就職まで

　4年生になるとすぐに「教育実習」があります。行き先は大学が決めるものでした。心の中では公立学校を覗いて見たいと思っていたのですが、張り出された表を見ると「宮城学院中学・高等学校」でした。当時の学校は制度改革の真っ最中で、なんとなく荒れた感じがしました。自分が学んだ宮城学院中高とはまるで違っていました。

　礼拝で始まる学校生活は、当時のままでしたが、久しぶりの礼拝から始まる学校生活は、ある意味、新鮮でもあり、慣れたものでもあり、つつがなく2週間を過ごすことができましたが、「教員にはなりたくない」という気持ちに変化は起こりませんでした。

　実習から帰ってくると、同級生は「就職」の話で持ちきりでした。初

秋には公立学校の採用試験があり、次々決まっていきました。「学校の先生だけにはなりたくない」と思っていた私は、あせりもせず、ボーッとしていました。そんなある日、担任でもある庄司先生の研究室に呼ばれ、「宮城学院の中高から教員の募集が来ているけど、あなた受けてみない？」と言われたのです。「音楽科の先生方とも話したのだけれど、あなたなら推薦できるわ」ということになったそうで、びっくりでした。受けるのと就職できるのは別と考え、面接試験に行ったのですが、応募者があまりに多く、しかも全国からの応募者に驚くばかりでした。

　試験はどれも不十分な出来、試験官は武田先生以外知らない先生ばかり、ほとんど絶望的な気分でした。「愛読書は何？　ボーヴォワール？」、詳しく聞かれなかったからよかったけど、ほかのことも同様、「初見」（初めて見た楽譜を演奏したり歌ったりすること）などメチャクチャ、歌は声がかすれて、震えて出ない。その後、自分が採用試験をする立場になって、視点は受験者とまるで違っていることに気づきました。これが、たぶん11月頃だったかもと思うのですが、クリスマスが過ぎても、お正月が過ぎても、宮城学院中高からは何の連絡もありませんでした。

　それまでも時々、長期の休みは「小山ホーム」（千葉県成田市）という施設で過ごしていました。山屋敷の遊び友だちでもあった篠塚康子さん（宮城学院保育科の助手を辞めた後、就職）が勤めていた養護施設に、長い休みには遊びに行っていました（後にホームは成田国際空港の用地買収で大原に引越しました）。そこは「小舎制」といって、7〜9人が一つ屋根の下で一人の寮母さんのもとに生活する形態で、比較的当時としては注目されていた子供たちの新しい支援の仕方だったようです。

　康子さんから勧められるままに、宿舎に泊まって、子供たちの勉強を見たり、歌の伴奏をしたり、踊ったり、ご飯の用意を手伝ったり、教育実習とはまた違った体験でした。「このような場に音楽ができる人がいると、生活が楽しくなるね」と言われて、私も木に登った豚のような気

持ちになっていたかも知れません。児童の専門家もいたその施設で、た
しかA先生だったと思いますが、「音楽だけやっているわけにはいかな
いけど、こんなところで働いてみないか?」と声をかけていただいた記
憶があります。4年生の長い休みの時だったと思います。

　卒業ぎりぎりになって、「理事会の承認が下りそうだからほかの仕事
には行かないで」という南條先生の助言で、小山ホームはお断りしまし
た。内定が遅れたのは、学校の制度改革の影響だったことを後に知りま
した。学校の教育方針にある程度協力をしてくれる教員を採用したいと
いうことで、理事会に出されていた中高からの採用提案は幾度も却下さ
れていたそうです。採用決定は「電報」で来ました。今では考えられな
いことですね。

　一番下の妹の卒業式(1980年)から帰ってきた母が、ほかの学校と
違って式典で細々した役割がある宮城学院の音楽の先生の動きを見て、
「あんたにできるのかしらね?」と言っていました。私も内定はしたも
のの、不安でいっぱいの頃でした。小倉英男先生からは「今日、教員会
議できみが働いてくれることを聞いたけど、生徒たちは昔のような子供
たちではないから、ぼくは心配です」と私が宮城学院の教員になること
を心配して電話をくださいました。しかし、小倉先生は勤めてからは良
き相談相手となってくださいました。ここで、生徒としての宮城学院と
の関係は終わるのでした。

宮城学院の音楽科の歴史をひも解く

　宮城学院との関わりは、母・和子の次は柴山先生でした。柴山先生は
初めてのピアノの先生であったのですが、あまりに幼い年齢ゆえ、いろ
いろの記憶はありませんでした。しかし、宮城学院の歴史をひも解いて
いくうちに、さまざまな人が結び付いていることがわかり、驚きでし
た。私は学校の歴史にはあまり関心を寄せていなかったのですが、私た
ちも間接的に多くのことを引き継いでいること知り、そのことを書き留

めておきたいと考えました。

『宮城学院資料室年報 1999年 第6号』の中に柴山先生の記事を見つけました。それによると柴山（旧姓：一見）よ志子先生は音楽科の基礎を築いたハンセン先生の教え子で、ハンセン先生は1907年にリンゼー先生と共にカンザス大学から日本に派遣された宣教師でした。当時の宣教師は優しく凛としていて、尊敬できるような方々でした。その先生に教わった生徒はその後、どのように後輩に伝えていったかも記されていました。さらに今まで知り得なかった音楽科の歴史が書かれていて驚くとともに、興味深く読みました。

柴山先生のお父様は一見清先生。宮城女学校で理科を教え、後に女学部長を勤められたそうです。当時、少しひねくれていた柴山先生は、すんなり音楽科に行こうとしなかったそうです。結果的にはハンセン先生にピアノを教わったそうですが、「連弾が楽しかった」と書かれていました。伊藤久子先生もいらしたようで、伊藤先生は柴山先生より4歳上で、2回アメリカに勉強に行っていたそうです。この伊藤先生に私はパイプオルガンを教わっているのです。

研究科を卒業した柴山先生は、「軽井沢会議」（全国のミッションスクールの宣教師の先生方の話し合い）で宮城学院に振り分けられ、その会議では「誰々はどこに」と話し合われたそうで、その後、皆さんは日本中、言われた場所に遠くまでも嬉々として赴かれたとのことです。

1941年、ハンセン先生はアメリカに帰国されました。そして柴山先生は戦後結婚してから宮城学院の職をやめ、しばらくして社宅に引越してから、ピアノの生徒募集を始めたら多くの子供が集まり、当時はブームで20人ぐらいの生徒を教えていたそうです。その生徒の中に、私が小学生の時にピアノを教わったけれど、怖くて震えが止まらなかった瀬戸尭子先生もいらしたそうです。

別のインタビューの記事では、佐々木正子先生（エンマヌエラ様）の名前が出ていました。この記事によると、佐々木先生はハンセン先生に

も教わったとのこと。先生はその後、山田操先生に教わっています。佐々木先生は「とてもまじめな方」とこの記事には書かれていました。ハンセン先生がアメリカに帰られた後は、伊藤久子先生が音楽科を任されたようです。

　——このようにハンセン先生に伊藤先生、柴山先生、佐々木先生と皆さん同時期に宮城学院で学んでいたことを知ったのでした。自分とハンセン先生とは何のつながりもないと思っていたのでしたが、このような過去があったことは驚きでした。

　私が中学1年生の時、宮城学院75周年の記念行事でアメリカからいらしたハンセン先生にお目にかかっています。そして音楽療法の世界に入った35歳頃、音楽療法の関係でたった1週間でしたがカンザス大学を訪ねる機会がありました。しかし、不勉強者の私は大学構内で宮城学院の卒業生に出会っているにもかかわらず、自分が今訪ねている大学がハンセン先生の母校であり、宮城学院とこのような結び付きがあったことにまるで気づいていませんでした。そこが音楽療法を学ぶために栗林文雄先生が留学していた大学であることしか、私の頭の中にはありませんでした。

　また『宮城学院資料室年報 2017年 23号』にあった音楽専攻科25回生の佐野春子さんの話によると、ハンセン先生は「西洋音楽を学ぶには、聖書を読まなければいけない。本当に西洋音楽を学ぶのであれば、キリスト教を知らなければいけない」とレッスンのたびに言われていたそうです。「間違いなく弾いただけでは、音楽ではない。なんにも心に響いてこない。自分の心から出てくるものでなければ」「よく歌いなさい」「よく歌って、弾きなさい」とも言われていたと書かれていました。

3つのパイプオルガン

　宮城学院には現在3つのパイプオルガンがあります。礼拝堂に設置されているオルガンは、松原茂先生が三番丁の講堂に合うよう設計され、

それを桜ヶ丘に運んで来ました。中高には稼動式の小さなオルガンが設置され、そして1986年、「ハンセンメモリアルホール」にハンセン先生のご遺族による「ハンセン財団」からの基金でオルガンが設置されました。

5

宮城学院中学・高等学校に就職
1971年～1982年

23歳：1971年（昭和46年）10月…NHKテレビが全面カラー化
24歳：1972年（昭和47年）7月…環境庁発足
25歳：1973年（昭和48年）10月…第1次オイルショック
26歳：1974年（昭和49年）…狂乱物価始まる
27歳：1975年（昭和50年）3月…山陽新幹線全線開通
28歳：1976年（昭和51年）1月…日本初の五つ子誕生
29歳：1977年（昭和52年）7月…文部省が「君が代」を国歌と規定
30歳：1978年（昭和53年）6月…宮城県沖地震、ディスコブーム、
31歳：1979年（昭和54年）1月…第2次オイルショック
32歳：1980年（昭和55年）9月…イラン・イラク全面戦争
33歳：1981年（昭和56年）…宅急便、郵便を抜く
34歳：1982年（昭和57年）2月…日航機が羽田沖で逆噴射し海面墜落事故
5月…富士通が「マイオアシス」を発売

1 宮城学院に就職した当初

初めてのクラス担任は中学3年菊組

　いろいろな儀式が終わって、いよいよ教員生活が始まりました。私の担任は「中学3年生菊組」で、4階の角にある教室で、私の指導係は南條和子先生でした。

　就職してから1ヶ月も経たないうちに、自分の担任の生徒が体育の授業中にケガをしたのです。体育の先生が処置をし、救急車も呼んでくれていましたが、担任として何をしたらよいかわからず、ただオロオロしていただけでした。しかもこの日は、初めてのお給料が出る日だったのですが、そんなことはすっかり頭からは飛んでいました。会計課から「早く給料をとりにきてください」と言われるまで、それどころではありませんでした。「こんな先生は初めてです」と、会計課はあきれていました。

　この生徒は、後に再び教室で眠りこむ発作を起こし、「てんかん」であることが分かりました。体育の授業の時も、この発作が起きていたと考えられるということでした。担任と信頼関係ができていないうちは、親は子供の全てを語ってくれないものだということを知りました。

　当時、南條先生が私の教育係だったのですが、そのような制度があったわけではないことを後になって知りました。就職後、南條先生は式典の服装から生徒への接し方まで、さまざまな側面の指導をしてくださいました。私があまりに未熟だったためなのか、このような指導者が付いていたのは私だけでした。実際は組合活動など、一つ一つの行動の決断・判断をとる時にたくさん助けていただいた先生のお一人でした。

　私は生徒の時に南條先生に教わったことはなかったのですが、妹たちは家庭科を教わっていました。先生は中高の代表として選出された学校全体の理事のお一人でした。私が組合活動に入ることを制してきました

が、小倉先生などにも相談しながら、学校の仕組みがよくわかっていなかったので、とりあえず組合加入は見合わせました。授業のことはあまり覚えていないのですが、先輩の先生に伺いながら、計画を立てていきました。それは文部省の指導要領とはかけ離れた内容でした。

「バーカとはどういう意味ですか?」

　私が最初に受け持った中学3年生のクラスでは、反抗期は少し落ち着いていました。ある日、英語担当の虎川清子先生から、「門間先生のクラスを担当していた英会話のフエルゲン先生から『バーカとはどういう意味ですか?』と聞かれました。何かというと生徒たちが『バーカ』と言ってくるので、その意味が知りたい」と、虎川先生に聞いてきたのだそうです。生徒に聞いてみると、要するに言葉でのコミュニケーションが取れていないことがわかりました。生徒たちは自分たちの気持ちが通じないと、「バーカ」「バーカ」を連発していたようでした。虎川先生に仲介に入っていただき、やっとこの問題は収まりましたが、会話の先生が日本で始めて覚えた言葉が、「バーカ」では、ちょっと悲しい出来事でした。

　この虎川先生は私より少し前に退職し、フィリピンで聖書を訳す仕事を成し遂げられていました。物静かな方でしたが、ご自分がやろうとすることに対しては意志の強い人でした。妹が進学を希望した津田塾大学の先輩でもあり、入試の時には、後輩である妹の面倒をいろいろ見てくれたと聞いています。

キャンプ・修学旅行・クリスマス

　夏休み前のキャンプは仙台市内のどこの学校も利用している「野蒜（のびる）海岸」のキャンプ場でした。そのキャンプ場の指導員に、私が「ふるさと」（文部省唱歌。♪うさぎおいしかのやま……）を知らなかったことを驚かれてしまいました。ドミニコ学院でも宮城学院の中高

でも習わなかった歌でした。そのうえ、クラスの中で背も高く、大人っぽい顔をしていた石田ひとみさんという生徒を担任と思ったようで、「担任は私です」と言ってもなかなか認めてもらえず、最後には「あんた本当にここの学校の先生か？」と言われる始末。生徒たちは笑いながらも、「私たちの担任です」と言ってくれたので、助かりました。

　夏休みが終わると、日光・東京・箱根・鎌倉方面の修学旅行でした。「添乗員の言う通りに動けばよいからだいじょうぶ」と言われていたのですが、問題は旅館に入ってからでした。部屋割りなどはできていたのですが、お風呂をどのような順序ではいるかなど、細かい部分が決められていませんでした。男の先生は入れないお風呂場で、鈴木和子先生（美術）と、マジックで紙に時間とクラスを書いて人数制限をしたりと、次々出てきた課題に忙殺され、景色などは何も覚えていませんでした。

　そして、最大の行事である初めてのクリスマス。「ハレルヤコーラス」のオルガンの伴奏は私が担当することになりました。21時過ぎると講堂に向かいました。守衛のおじさんたちも心得ていて、「あー、やっとあんたたちの時間になったね」と、パイプオルガンの鍵を貸してくれました。当時は音楽科のオルガン専攻の人の練習時間が21時までと決められていたので、その前の時間はなかなか練習ができなかったのです。もっとも21時前は、私たちは担任クラスの業務、授業の準備、そのほかいろいろあってオルガンの練習どころではありませんでした。暗くて、寒い講堂。しかし、当時はそんなことは気になりませんでした。だいたい23時が学校全体を閉める時間なので、その頃まで練習させてもらいました。

　練習は十分つんでクリスマスに臨んだつもりでした……。文章では説明しにくいのですが、ハレルヤコーラスの最後の部分は、「ハレルヤ、ハレルヤ、ハレルヤ」と3回歌った後に、トントンと休みがあって、「ハレールヤー」で、終わるのですが、トントンの部分で脚がペダルに触ってしまい、「ブー」と音を鳴らしてしまったのです。せっかくの緊

張の場面を台無しにしてしまいました。生徒たちのブーイングはすごかったのですが、「これは礼拝なのだから」とほかの先生方になだめられて生徒は静かになりました。しかし、私は涙が止まりませんでした。この後は、音楽の先生方で交代にオルガンや指揮をすることにしました。

2　東二番丁校舎時代

清野貞代先生のこと

クリスマスが終わっても、次は卒業式、入学式と、次々行事が続いていきました。こうした行事を重ねながら生徒たちは、礼拝で始まるこの学校の生活がいかに貴重な時間だったかは卒業してからわかるようでした。生徒たちによると、私の機嫌の良し悪しは、朝の礼拝奏楽のオルガンで感じ取っていたようです。

この頃から一緒だった清野貞代先生が、2022年6月25日に急逝なさいました。亡くなる3日前の日曜日、珍しく先生から電話があり、1時間半ぐらいおしゃべりをしたのですが、その週の水曜日夜に心筋梗塞で亡くなったという連絡が入り、耳を疑いました。ずーっと仲が良かったわけではないのですが、私のエンジンのような人でした。

クリスマスのたびに、「指揮は清野先生、オルガンは門間先生にお願いしたい」と生徒が直訴してくることもしばしばでした。「清野先生はオルガンを間違えるし、門間先生の指揮は小さくてよくわからない」というのが理由でした。後に生徒による弦楽アンサンブルでの「メサイア」の伴奏を実現。提案は私であったかも知れませんが、大きなステージで1000人近い生徒をまとめる指揮はこの清野先生にしかできない迫力と気力があり、多くの生徒の心に「ハレルヤコーラス」の感動を残してくれました。

学校は制度改革真っ最中だったり、校舎移転、コンクールの出演など

難題が多い時代で、清野先生とは一つずつ乗り越えていった同士でもありました。先生の指揮のもと、浜松にピアノの選定に行ったり、金城学院中高に弦楽アンサンブルの基礎を習いに行ったり、アメリカから贈られたハンドベルの奏法も、金城学院のケリー先生のもとに幾度か教わりに行くこともありました。また指揮が下手であった私を月1回、「聖学院」（東京・駒込）に連れて行ってくれたりと、とても行動的・活動的な教員でした。私が学校を辞めたいと申し出た時も、次に進むことを認め快く送り出してくれました。東京に立つ日、仙台駅まで見送りに来てくれたことも、今になっては懐かしい思い出です。

3　反抗期の生徒に振り回されて

　この頃の教員生活は、授業より担任のクラスの「生徒指導」で悩まされ、時間を割かれることが多かったのです。反抗期まっ只中の中学2年生の担任は、クラス運営も授業も大変でした。海外からベイ・シティ・ローラーズ（イギリスのロック・バンド）など大物アーティストが来日するようになって、ある特定の生徒は浮き足立っていました。そのため「誰々が教室にいるかどうか」と必死で見張っていた時もありました。

　生徒指導はほかにもいろいろあったのですが、菅沼先生（私より5、6歳年上の男性）と組んだ時に、「子供たちの身体が成長してきているのに、ブラジャーを着けていない生徒が多い。父兄会のときに、女性の門間先生から親に購入を促すような話をしてほしい」と言われた時はびっくりしました。そして、この時期の自分が思い出されました。

　私も中学2年で初潮が始まり、いろいろ身体の変化がありました。小学校時代、ドミニコの先生方の服装ではわからなかったのですが、外部講師の理科の先生に「どうしてシュミーズのヒモが2本あるのだろう。何か胸に着けている」と不思議に思っていました。そして、私もブラジャーが必要になった時に、母がブラジャーを買うのが恥ずかしかったのか、どうしていいかわからなかったのか、一番初めは「長崎屋」で山

積みになっていたたくさんのブラジャーの中から買ってくれたのですが、サイズも形も合っていませんでした。しょっちゅう外れてしまう不満を母に言うと、今度は「三越」の下着売り場に連れて行かれました。売り場のお姉さんがていねいにサイズを測り、とても高いブラジャーを買ってもらいました。

　そんなことを思い出しながら、父兄会に臨みました。生徒にお姉さんがいるお母さんはこちらに視線を向けていなかったのですが、食い入るように私の話を聞いている親が何人かいました。今の時代では考えられないことかも知れません。

　中学2年生頃の担任ではこんなこともありました。クラス担任発表の日、ある生徒が「門間先生の担任はいやだ!」と大声で泣いてきたのです。周りの先生の手前、私こそ泣きたいような気持ちでした。後日、彼女いわく「昔、先生が自分の母のことを悪く言ったから嫌いになっていた」と話してくれました。そのような彼女も現在は還暦を過ぎ、今は私を励ます側に変わっています。このような難しい生徒をどう扱ったらいいか、大学時代の臨床心理の大山正博先生に相談に乗っていただいたこともありました。

　学内の校務分掌はいろいろ回ってくるのですが、「教務部」が一番苦手でした。時間割を作ったりと、細かい仕事が多く、私には不向きと思われました。「宗教部」は学校全体に影響する部署なので緊張が続きました。しかしそれ以上に、「生徒指導部」は中学の所属の時が本当に大変でした。民生委員をしていた私の母と同じような場所で、街頭補導をしたこともありました。

心に残る同僚の先生たち

●吉川（よしかわ）ちひろ先生
　吉川先生は高校時代にも留学経験を持ち、ICU（国際基督教大学）卒業後、ご家族の仕事の関係で仙台に移り住み、宮城学院に就職されまし

た。制度改革後、複数担任制が取り入れられ、2人で1クラスを担当することになり、一緒に仕事をしました。周りの教員と異なった雰囲気を持った素敵な先生でした。共に生徒指導をしていたあるとき、アメリカには「ミュージックセラピー」という学問があることを教えてくれました。当時の私はその言葉すら知りませんでした。彼女も退職後、カナダに留学し、カウンセラーの資格を取って帰国しています。

●斉藤佐四朗先生

斉藤先生は数学を担当していた宮城学院の同僚で、私が宮城学院を辞めてからも私の活動に関心を寄せ続けてくれたり、宮城学院のその時々の情報などを教えていただき、この先生のおかげで宮城学院を忘れることとなくその後の日々を過ごしてきました。

4 音楽教育を考え直す——弦楽器を取り入れる

高校1年生は外部入学者が多い学年で、外部からの入学者は荒れていたのです。その一人一人に聞いてみると、「本当は公立の〇〇高校に行きたかった」という言葉が返ってくることが多かったのです。その荒れた気持ちを鎮めて、宮城学院に溶け込ませていくのも、私たちの役割の一つでした。ここで、音楽というものが彼らの心を変えていく大きな役割を果たしていたことを、後になって彼女たちの口を通して知らされました。

秋になると、クリスマスの歌の練習が始まるのですが、外部入学者は「なんでこんな英語の難しい曲を練習しなければいけないのか」と、不平たらたらでした。それが一度、クリスマスを経ると次の年を楽しみにするようになるのです。こうして経験したクリスマスなどは、生涯記憶として残るようで、同窓会などで必ずといっていいほど話題に出てきていました。

「授業で楽器を取り入れたい」という話が出たとき、楽器庫に並んでいた楽器は、太鼓やタンバリン、マリンバ（木琴）など、とても貧弱に

思えるものしかありませんでした。ちょうどその頃、私学の特色を出すための教育に「県から補助金が出る」という話を聞き、かなり積極的に「何かできないか」と教科全員で無い知恵を出し合いました。「だめもとでも」と思いながら、昔から私が抱いていた夢物語を語ってみたのです。チェロ奏者の田所さんの顔も思い浮かべながら……。

　意外にも、その時は清野先生がその話に乗り気になっていたのです。クリスマスはオルガンの伴奏のことばかり書いてきましたが、オルガンだけでは物足りなくなっていた私たちは東北大学のオーケストラの幾人かにもお願いするようにもなっていました。私も自分で言い出しながらも、ドキドキものでした。しかし、その提案が県にも認められ、弦楽器の授業が始まったのです。

　ハンドベルを教わりに行った名古屋の金城学院のケリー先生をまた頼りました。授業を見せていただき、教則本を取り寄せ、楽器を持つ前の体操も教わり、そして教員の増員も要求しました。すぐにはとても認められないと思っていたバイオリン専攻の教員も認められ、とんとん拍子に進んでいきました。そして岡野圭子先生に国立音大大学院から来ていただくことになりました。

　下手ながらも、私もすでにチェロを習っていましたので、低音部（チェロ、ビオラ）を担当することになりました。まるで知らないビオラは桂哲郎先生のところに習いに行き出しました。専門の人が聞いたら、なんて無謀なと思われるでしょうが、だんだん形づくられていく生徒の合奏を見ながら、「よかった！」と胸をなで下ろしていました。

　ここで宮城学院中学校・高等学校 1978年度「教育研究」（vol.2）に、この間の事情を書いたものが載っているので次に記してみます。

『弦楽器の授業を一年間やってみて』工藤（石川）洋子、門間陽子
　1、弦楽器の授業を始めた経緯
　宮城学院は、伝統的に声楽中心の授業が行なわれていた。しかし、生

徒たちは、小学校でリード楽器の合奏を経験してきている。音楽が盛んと言われている宮城学院で、さらに合奏の経験を深めることを期待して、入学してくる生徒も少なくなかった。生徒の中には、歌の苦手な人もいた。また、合唱と違った楽しさを味わえる合奏をやらせてみたいという、我々の願いもあった。（中略）公立の中学校では、ブラスバンドが盛んに行なわれていた。本校は女子校なので、しかも本校で演奏場面を持つことができるには、弦楽合奏はどうだろうという話し合いが数年前からもたれていて、少しずつ楽器をそろえだしていた。1977年に「私学特色教育助成金」という我々が考えてもいなかったようなお金で、一挙に楽器がそろってしまったのである。

2、弦楽器を生徒にやらせることの目的について

Ⅰ）特色教育という点

・女子のみの学校なので、弦楽器がよいだろう。将来は自分たちの合奏団で宗教曲（具体的には、クリスマスのハレルヤコーラスなど）を歌わせたい。

Ⅱ）教科の観点で、弦楽器を選んだ理由

① 学校でやらせるのだから、個人では誰もが簡単にやれないもの。

② 中・高生という感性豊かな時期にやらせるのにふさわしいもの。

③ 全生徒にやらせるが、さらに深めたい気持ちが出てきたとき、深めていけるもの。

④ 自分で楽器を手にすることで、音楽の世界を広げることができるもの。

Ⅲ）やらせる目的

① 合奏の楽しみを味あわせたい。

② 一つの楽器を1年間、じっくり取り組ませたい。

3、現在ある楽器について

・1978年現在（バイオリン24、ビオラ12、チェロ8、コントラバス4）

4、授業計画

授業というものは、前もって予定をたてて、実施すべきだが、この授業に関しては正直なところ、かなり場当たり的であった。我々の経験のなさにもよるのだが、「1クラス目は考えた方法を実施し、2クラス目で修正し、3クラス目あたりでやっとまともな指導ができるようになる」の繰り返しであった。

4月：各自の楽器を選択、楽器の持ち方、構造の説明、体操。

5月：弓をもち、指使いを教える。かえるの歌・メリーさんの羊などを弾く。

6月：アメリカの教則本を使用「Muller Rusch String Method Book 1 」

・きらきら星、ジングルベルなどを楽譜を見ながら弾く。

（7、8月はキャンプの歌の練習のため弦の授業は休み）

9月：教則本を進めるだけ進める。ひと弓で、2音が弾けるようになる。

・前期のテストは教則本の中から1曲を皆の前で弾く。

10月：教則本を進めると同時に、音程が正確に取れるように練習させる。

11月：讃美歌158番（54年度版）、ベートーベンの第9交響曲のテーマを、四声で練習。

（12月はクリスマスの合唱練習のため休み）

1月：ト長調、ニ長調、ハ長調の音階練習。

2月：学年音楽会の練習。

3月：学年音楽会（クラスごとに異なる曲を演奏）。

5、発表の記録

10月文化祭：中学3年藤組、讃美歌2曲をクラス有志15名で四声演

奏。

11月学校紹介：中学3年萩組、讃美歌158番、106番をクラス全員
で演奏。

3月学年音楽会：メヌエット（モーツアルト、ベートーベン、バッハ）
モルダウ（スメタナ）。学年音楽会では、クラス全員暗譜で弾いた。
生徒はかなり緊張し、あがっていて、なにを指揮しても夢中で自分
の指を見ているだけ。弾き終わって上げた顔はどの生徒もほおを紅
潮させ、手にはびっしょり汗をかいていた。

卒業式：卒業の歌の伴奏。

6、生徒の感想を通して

始めて2週目頃：「自分の楽器じゃないから、大切にしなければと
思った」

同じ生徒の最後の感想：「初めはなにがなんだかわからなかった
が、3月には1、2年生の前で、人並みにメヌエットを弾くことがで
きました。完璧ではなかったけど、心が十分満たされた感じです。
これをやってみて、根気強さみたいなものを身体で得ることができ
た」

紙面の関係上、ここでの記載は「まとめ的」な感想にとどめます
が、ほとんど全員といっていいほど、楽器を持てたことに喜びを表
現し、自分はやれるだろうかと不安を持ち、見ているのと自分が持つ
のでは大違いの疲れを感じたようでした。また、ほとんどの生徒が
つらさを乗り越え、弾けた喜びを得ているようでした。我々は鬼的
存在のときもあったようで、音楽そのものの喜びより精神的な収穫
が多かったのは喜ぶべきか……。しかし、我々が考えていた以上に
多くのことを生徒たちは学んでいたのではないかと、感想を読んで
感じました。音に対する感覚も変化し、たまに歌を歌わせると、音
が下がらずに歌うようになっていました。

7、今後の見通し

1年間の授業では、十分アンサンブルを楽しむまではいっていない。この授業の発展の一つとして「仙台ユースシンフォニー」へ生徒の参加が始まった。また、高校に教科主催の室内楽愛好会を作り、後にクリスマスのハレルヤコーラスの伴奏へと展開していくことになった。

8、その後

1979年にはバイオリンを専攻した先生を専任として迎えることができ、さらなる前進を見ていった。

　最後に書くことではないのですが、この試みはハンドベルをアメリカから贈られた時に頼った金城学院のケリー先生からのアドバイスと先生の授業を参考にさせていただいたことが大きかったのです。そして、クリスマス礼拝で全校生が歌う「ハレルヤコーラス」の伴奏は東北大学のお手伝いの学生数が減り、本校の高校生がステージに上る数が増えていったのでした。

　さてその間、アンサンブル経験のまるでない私は、東北大学のオーケストラにお願いして練習に参加させていただきました。周りの人と弓が合わなかったり、ぜんぜんステージに上がれるような力ではないのにステージに乗せていただき、今思えば感謝でいっぱいですが、その間に私がステージに上ったために、降板させられた人がいたことを後で知り、本当に申し訳ない気持ちでいっぱいでした。宗像さんがチェロのトップを勤めていた頃です。また、「おい、あの子のチェロの指板（しばん）には、テープが貼ってあるぞ」という声などが聞こえてくることもあったのですが、どうにか耐えて、その場にいることができました。緊張の連続で、何かを聞かれたり、言われたりすると、すぐ頭の中は真っ白になる現象はとても苦しいものでした。その後もクリスマスなどでの東北大学生のお手伝いは続きました。

●丹野弥乃助先生

丹野先生は倉田澄子さん（斉藤秀雄先生のお弟子さん）のお弟子さん
で、私のチェロの先生。仙台でチェロを弾く人は必ずと言っていいほ
ど、この先生に習っていました。私を学校で弦楽アンサンブルを教える
までに導いてくださった先生でした。「仙台フィル」で長いこと活躍し
た高橋咲子さんも、学校の授業の次の段階はこの先生に教わり、洗足音
楽大学に進んでチェロを専攻するまでになりました。

●桂哲郎先生

　桂先生はビオラの先生で、学校で私が担当することになっていたビオ
ラを習うことで知り合いました。東京で活躍していた人だったのです
が、ご家族で仙台に移住。地域の音楽家とアンサンブルを楽しまれてい
ました。この先生と一緒に、チェロで芸能人の歌謡ショーなどの音楽隊
に加わったこともありました。たしか桜田淳子の「歌謡ショー」と記憶
しています。

●早坂禮吾学院長

　早坂先生は専修大学から宮城学院の学院長として赴任。「校舎移転」
という大事業を指揮実行。私が不登校の中学3年の生徒のことで悩んで
いた時、相談に乗っていただいたこともありました。学院長にそんなこ
とを相談に行くなんて、当時の行動には我ながら呆れますが……。学院
長の奥様は夫の仙台赴任のためご自分の母親を施設に入所させて、少し
遅れて仙台にいらっしゃいました。そのお母様の音楽療法を上京後の私
が担当することになりました。

　その後、週刊誌という媒体を通して、前の職場である宮城学院に私が
やろうとしている実際の活動が伝わっていきました。あるとき、ご夫妻
がそれぞれの場で週刊誌（週刊文春）を見て、「あー、この人知ってい
る」という会話があったそうです。早坂院長が「この人は元ここの教員
だった」と言うと、奥様が「母をお願いしている施設で音楽をやってい
る人」と話が合ってしまったとのこと。

　私も奥様のお母様には、ある意味助けられていました。とてもユーモ

77

アのある方で、私が1週間ほどアメリカに行くと言ったら、「ピストルに気をつけて」と送り出してくれたり、「あのおじいさんは山口百恵の歌が好きなのよ」と周りの人の情報を教えてくれることもありました。そのお母様が亡くなられて施設の玄関を出られる時に、「讃美歌を歌う会」のメンバーが讃美歌で送り出したことを奥様がとても喜んでくださっていました。早坂先生も退職後、ある大会にわざわざ岐阜まできてくださり、びっくりでした。先生がいらしているのを私は気づかないでいたのですが、後でいただいたお手紙には、「君がやろうとしていることが、少しずつ見えてきたような気がする」とおしゃってくださいました。先生はその後、少しして心筋梗塞でこの世を去りました。

学校以外の活動

●佐藤泰平先生

　当時は、通勤途中にあった東三番丁教会、そこを会場に毎週金曜日に練習していた「仙台宗教音楽合唱団」（川端純四郎代表）に参加するようになりました。指導者兼指揮者は佐藤泰平先生でした。バッハの「カンタータ」を主に練習し、東北学院の礼拝堂で行なわれていたカンタータの会で時々歌っていました。カンタータや宗教曲のみを取り上げる合唱団で、後にヘルムート・リリング氏の招きでドイツのシュトゥットガルトに演奏旅行に行きました。学校から、少しの補助をいただいたので、ドイツでの様子を学校新聞に寄稿させていただきました。この合唱団の練習会場は駐車場の関係で、東北学院大学の駐車場を借りられる広瀬河畔教会に変わりました。

　あるとき、「マタイ受難曲」の練習伴奏に私が指名されたのです。「なぜ譜読みの遅い私が」と思いながらも、そしていつも叱られている私を団員は気の毒に思いながらも、励まし、伴奏を続けるよう促してくれました。マタイ受難曲の全曲を弾き終わった時、言葉では表現できない何か大きなものが私の中に残っていました。佐藤泰平先生は後に立教女学

院大学教授となり、宮沢賢治やリードオルガンの研究者として『宮沢賢治の音楽』や『やさしくひける讃美歌80曲（オルガン曲集）』などの著作を残しています。

　宮城学院の先生方とはよく「泉が岳」や鳥海山に、冬は蔵王でのスキーに出かけました。

●上野（篠塚）康子さん

　上野さんは川内山屋敷のご近所の遊び友だちでした。その彼女は宮城学院の保育科を卒業後助手として残り、その後千葉にあった児童養護施設「小山ホーム」に勤務することになりました。私は長い休みはその児童養護施設で過ごしながら、施設の実態を体験させてもらいました。そこで生活していた「とこちゃん」とは、宮城学院の先生方と一緒にスキーに行ったりもしました。彼女が結婚して子供が少し大きくなってからは吉祥寺にも遊びに来たりしていましたが、私が東京を離れて岐阜に行ってからは音信不通になってしまいました。上野さんの話によると、もうおばあさんになっていて、元気で生活しているそうです。

難産だった自動車の免許取得

　仙台の生活には自動車が必需品でした。自動車の免許取得は、自動車学校で最劣等生だったようです。「キミと東北大学病院小児科の女医さんがどうにもならないんだよね」と指導教官から言われていました。路上試験は昼間なのに、夜しか教習をしていなかった私は1回目の昼の試験で外がとてもまぶしく感じられ、なにか大きなミスをして途中で試験中止でした。教習学校としても次の試験には合格させなくてはと考えたようで、出勤前の朝の時間帯に練習をするようになりました。しかし私たちは8時15分から礼拝奏楽という仕事があるのです。2回ほど遅刻をしてしまい、駆け込むようにしてオルガンに座りましたが、周りの教員からも生徒からも大目玉でした。ほかの教科の先生ならこんなに目立つことはないのに……。

5 桜ヶ丘校舎に移転してから

宮城学院は1980年7月の夏休みに仙台市東二番丁から桜ヶ丘9丁目に引越しました。桜ヶ丘は仙台市内より涼しかったです。移転に関しては、反対という意識はなかったのですが、後になって思えば、二番丁に少しでも土地を残しておくべきではなかったかと思われ、そのような点に考えがいかなかったのは残念です。引越しをするに先だって、教科として音楽室の設計や、準備室の整備、楽器庫の設計、講堂のオルガンをどうするかなどなど……考えることはたくさんありました。

授業とは別に、高校生の有志による弦アンサンブルが結成されました。清野先生は指揮法をさらに磨きに行ったり、私は低音部の練習に付き合ったり、岡野先生は弓の運びをていねいに指導してくださり、だんだん音色がそれらしいものになって行きました。モーツアルトの「アイネ・クライネ」ぐらいはそれなりに弾けるようになって行きました。下級生は先輩のそのような様子を見ていて、授業でも真剣に取り組む生徒も出てきました。「楽器って、自分の気持ちが出るものね？」と生徒に言われて、「へー、そんなもの？」と、こちらが教えられることもありました。後になってから聞くところでは、大学のオケに入ったり、弦専攻の音大に進学した人も出てきました。そして、クリスマスは東北大学の学生のお手伝いもだんだん少なくても済むようになって行きました。私がやめてからですが、あるホールを借りきって行なわれたクリスマス礼拝は父兄や卒業生も招いて行なわれ、それは感動ものでした。

6 行事などに生徒の参加を積極的に取り入れる

前述でも触れていますが、クリスマスはもちろんのこと、卒業式なども弦アンサンブルが活躍していました。クラスごとの弦アンサンブルの発表会も行なわれるようになりました。ある同窓会の会合で演奏をした時に、中年の紳士が小躍りして帰る様子を目にした私はつい声をかけて

しまいました。「今日の最後の演奏がよかった」という言葉が返ってきたので私までうれしくなってしまいました。清野先生は多くの生徒を東京まで引き連れて演奏をしていたこともありました。

7 芽生えてきた私の心に潜む「自分がやりたいことは？」

　自分が取り組みたいことは「宮城学院を辞めるときには明確になっていた」と言いたいのですが、まだこの頃はぼんやりしていたのかも知れません。学校教育という場ではないところで、子供・生徒一人ひとりともっとていねいに関わりたいという希望を持っていたのは確かですが、それは音楽療法の世界に入って、すぐに打ち砕かれてしまいました。

　教員時代の夏休みのある夜、父兄からかかってきた電話で、「箱入りお嬢さん先生、先生は世間のことを何も知らない」と、夏休みの宿題の不満のついでに言われたのです。その不満の内容は問題ではなかったのですが、人に言われるまでもなく、自分の中でも、このまま宮城学院にいたら私はすでに20年、この学校しか知らない。もしかしたら、一生この学校にいるのかも知れないと思うと、「もっと外の社会を知りたい」「音楽ももっと活用することはできないのか」などと青年のような考えが広がっていたのでした。

　吉川先生から聞いた「音楽療法」は、卓越したチェリストのジュリエット・アルバンさんの話でした。卓越した音楽の技術は自分にはない。しかし、このままこの学校にいるのは楽でいいかも知れないが、何か物足りない。現実には、音楽の恩恵を受けていない人々に接する場面をたくさん見るようになり、自分の世界の狭さを思い知りました。当時は音楽を学んだ者がやれることはまだまだあると、妄想のように思っていたのかも知れません。しかし、結果的には、「**音楽を使える領域はたくさんある。音楽を学んだ人がその力を世の中で生かしていない**」と強く思うようになっていました。

8 礼拝のひとこま

　ここで学校新聞「宮城学院中高　第一号 1977年9月22日」に掲載した中学校礼拝で話したことを記してみます。

　「今日は二つのことをお話したい。一つは無駄も時には必要（この部分は省略）。二つは、ある夏休み田舎で過ごしたこどもの頃の思い出です。夕方になると庭の穴からセミの幼虫を取ってきてみんなで羽化するのを観察するのです。セミはとても苦しそうにして、茶色の皮の中から緑色の羽のある新しいからだを出そうと必死です。見ている私たちもなんとか手をかしたい気持ちでいっぱいです。この茶色の皮を私たちが手でむいてやったら、セミは楽に出てこれるのではないかと思い、従兄弟と一緒に皮をむき始めました。それを見ていた祖母が「余計なことをやめなさい」といっているのに、私たちはむき続けました。

　翌朝、起きてさっそく昨日のセミの入ったざるをのぞくと、緑の羽はなく全部が茶色になっていました。よく見ると、2種類のセミがいるのです。一方は茶色の羽をピンと伸ばし、今すぐにも飛び出したい様子。しかしもう一方は、羽根がちぎれてしまっていて、羽根を思うように動かせませんでした。これが、われわれが皮をむいてやったセミだとわかったときは本当に驚いてしまいました。セミは私たちにむかれながらきっと「余計なことをしないで」と叫んでいたに違いありません。

　私たちのまわりにはどんな余計な手が伸びているかわかりません。手をかしてもらうことで、そのときは楽かも知れません。余計な手を借りたからといってわれわれの腕がちぎれるという目に見える形で現れることはないでしょうが、私たちの何かが欠けてしまっているのです。

私たちはその余計な手を振り切る言葉を持っています。また、それをのりきる力を神様から与えられています。どうか、われわれのまわりにある余計な手をふりきって立派に立てるよう、自分の力で努力し、物事を乗り切ってください」

　この話に対して、ある生徒の卒業時の感想が『シャローム　宮城学院の宗教教育1981　宮城学院中学校高等学校宗教部』に掲載されていました。

　「宮城学院に入学してから6年間、毎日のように礼拝に参加してきて本当によかったと思います。その中で心に残っていることを上げて書きます。
　あれは中学2年生のことだった。内容はあまり宗教的でないセミの話だった。セミは長いこと土の中で幼虫で暮らす。そして、やっと成虫になったとき、残された生命はわずかしかない。先生は幼虫の皮をむくのが好きだったそうだが、脱皮するとき自力で脱皮したセミはちゃんと飛べるのに、脱皮を手伝ったセミは羽が縮れて飛べないまま死んでいくという。この話しを聞いたとき、なにかとても大切なことを気づかされた気がした。なんとなく私たちは、すぐ人の手を借りようとしてしまう。わたしたちは人の手を借りても手がちぎれたりすることはないが、飛べないセミのように、自分の力では何もできない人間になってしまう。甘えに対しての強烈なパンチとなったこの話は、甘えそうになるといつも思い出され、私を叱るとともに、励ましてくれた。（高校3年 桜 大沼昭子）」

　宮城学院に勤務していた間の私の考えは、「結果・成果を急がない。生きるとは小さなことの積み重ねの日々である」ことを基にしていました。そして、**生徒に教えたというより、生徒たちから多くの刺激を受け**

て、私の心の中が少しずつ膨らんでいった期間だったのかも知れません。

森公美子さんのこと

　この原稿を書きながら、時々、自分の子供の頃に戻ったり、また現実の生活に返る。この心の行き来は心地よかったり、苦しかったりすることがあることを知りました。また、今までボーっと見ていたテレビの出演者も、その人が今に至るまで順調とは限らなかったのだろうと想像してしまうようになりました。

　多くのCMやミュージカルなどで活躍している森公美子さんは、私が宮城学院に勤めてから2～3年後に入学してきた人の一人でした。現在も基本的には子供の頃と変わらないのですが、清野先生の勧めもあり、宮城学院とは違う音楽大学に進み、その後イタリアなどで学んだ彼女の音楽の幅は格段と広がっていきました。あるとき、ダウン症の子供たちとのダンス大会で子供たちと一緒に踊っていた「もりくみ」をテレビの画面で目にしました。昔の大らかな公美子さんそのままでしたから、子供たちも楽しそうに彼女と一緒に踊っていました。ふと、学校時代の奔放な彼女を思い出してしまった場面でした。

　森公美子さんは今回の出版にあたり、清野先生や宮城学院のことを回想して次のような文を寄せてくださいました。

　　「清野先生の存在は、今の私の存在である！　そう確信している。
　　出会いは宮城学院。ある日の礼拝のとき、庭に咲いているチューリップの花を見て、なんて美しい色なんだろうと、思ったと先生が仰られた。そのとき、神の存在を改めて感じた！　の一言が、私がここにいるのも、神様の導きなのであろうか？
　　それからなぜか高校1年生の私が、音楽の授業で"ソロ"を歌うことになった。宗教曲『スターバット・マーテル』だった。そのとき私は清野先生から音楽の道の啓示を感じた。

今ミュージカルへの道に進めたのも、基本は、すべてクラシック音楽であり、何よりも毎日歌っていた讃美歌こそが、いつも私の中に誘（いざな）っていた。多様性の音楽には、先生は抵抗があったかもしれないけれど、私の『シスターアクト』を観にいらしたとき、涙を流して喜んでくれた。うれしかった！　音楽続けてこれたのも清野先生の励ましのおかげであり、あの時の出会いがなかったら、私の音楽が生まれていないと、断言できる。

私は最近、夢であったJAZZを歌っている。先生に聞かせたかった！　先生が見にいらしてくれて、swingしてくれる姿を見たかった。清野先生、感謝します。」

宮城学院を再認識した同期会

2023の秋、宮城学院高校の同期会がありました。私は19期で、幹事は吉田昭子さん、今日の会は29期で幹事は吉田明代さん。私は自分の同期会と勘違いして返事を出してしまいました。後でいただいたお手紙をよく見ると、「先生」と書いてあることで、やっと間違いに気づきました。10歳しか違わない彼女たちはすっかり大人になっていました。そこでは宮城学院を再認識させていただく会でした。

まず驚いたのは、聖句をよく覚えていること、礼拝奏楽で小さいからだの私が踊るようにパイプオルガンを弾いていたことを彼女たちが記憶していること、そして今もいろいろな音楽とのかかわりを生活の中で続けていることでした。千代田区一番町にある「女子学院」で学んだ杉若晴子さんの言葉を借りれば、「あの頃には分からなかったことが、人生の後半になるまでに熟成されるのよね」と言っていましたが、まさにその通りです。彼女は宮城学院とは関係はありませんが、今、私と同じ教会で共に活動をしている人です。そして宮城学院中高で同僚であり、校長も務めたことがある田中弘先生は「女子学院」で校長を務められていたこともありました。

門間陽子２歳７か月　妹・光子９か月　　　祖父母の門間猛と小春

両親と３姉妹　陽子小学校入学（真中）

ドミニコ小学校の同級生と

宮城学院女子大学音楽科卒業時、同級生と

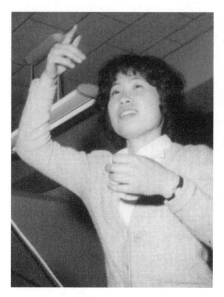

宮城学院中学高校の教員として
（指揮を振る）

宮城学院中学高校の教員室にて

担任クラスの旅行

宮城学院中学校高等学校の先生方

晩年のおだやかな両親

第二部

音楽療法の研修と実践

1

新たな道の模索・音楽療法の研修

1982年〜1994年

34歳：1982年（昭和57年）　2月…日航機が羽田沖で逆噴射し、海面墜落事故
　　　　　　　　　　　　　　5月…富士通がワープロ「マイオアシス」を発売
35歳：1983年（昭和58年）　4月…NHK「おしん」大人気
　　　　　　　　　　　　　　4月…東京ディズニーランド開園
36歳：1984年（昭和59年）　　…一人暮らし老人100万人突破
37歳：1985年（昭和60年）　8月…ジャンボ機御巣鷹で墜落520人死亡
　　　　　　　　　　　　　　　…小中学校でいじめ増加
38歳：1986年（昭和61年）　4月…男女雇用機会均等法施行
　　　　　　　　　　　　　11月…伊豆大島三原山噴火
39歳：1987年（昭和62年）　　…地価高騰
　　　　　　　　　　　　　　4月…国鉄民営化で「JR」と名称変わる
40歳：1988年（昭和63年）　3月…東京ドームオープン
　　　　　　　　　　　　　　9月…昭和天皇吐血
41歳：1989年（昭和64年）　1月…昭和天皇崩御、年号が「平成」に変わる
42歳：1990年（平成2年）　12月…日本人初宇宙飛行
43歳：1991年（平成3年）　　6月…長崎県雲仙普賢岳火砕流発生
44歳：1992年（平成4年）　　7月…山形新幹線開業
45歳：1993年（平成5年）　　6月…皇太子徳仁親王と小和田雅子さん結婚

これまでのまとめ

　この部分から読み出した方もいらっしゃると思われるので、少しだけ「第一部」の繰り返しを書かせていただきます。私は宮城学院女子大学音楽科を卒業後、母校の中学高校一貫校に就職しました。自分の育った学校、そして教員になって、同じ学校に20年以上生活をし、自分の視野の狭さや甘さに少しずつ気づかされていました。そのような時にアメリカ留学の経験がある同僚から「音楽療法」という、教育とは異なる音楽の活用領域を聞き、その分野にだんだん惹かれていきました。そして1982年、仙台から東京に移住し、東京音楽大学に聴講生として在籍しました。

　「第二部」では、日本にいながらその「音楽療法」をいかに学び、実践を行なってきたか、その日々にいかにさまざまな人から刺激をいただいたかを記していきます。まずはじめに、この宮城学院と東京での学びの「橋渡し」をしてくださった一人の先生を紹介しておきたいと思います。

泉山中三先生のこと

　泉山中三（まさみ）先生には宮城学院女子大学音楽科時代に心理学を教わりました。先生は宮城学院を辞められてから、東京音楽大学、昭和音楽大学、東海大学などで教鞭をとられていました。音楽療法学習の基礎の段階でいろいろ相談に乗ってくださり、そして東京音楽大学までの道筋を教えてくださいました。当時、東京音楽大学にあった「応用音楽コース」の情報を教わり、また「音楽心理懇話会」（当時は文京区音羽の福祉会館で開催）で村井靖児先生を紹介していただき、先生の講座に出られるよう橋渡しをしてくださいました。

　泉山先生は叔父（母の弟）の奥山大和の友人で、東北学院大学の谷口先生のゼミ仲間でした。先生は音楽療法というより、家庭に、地域に、施設・医療にもっとよい音環境を、そして音楽を活用した健康づくりを目指していました。ですから、「健康づくりの指導者に音楽療法の経験

を有するものが適している」ともおっしゃっていました。ずーっと後になってから「岐阜県音楽療法研究所」でもその観点から講座をしていただきました。

　音楽を活用した健康づくり──。それは環境の音にも耳を傾ける、音楽をしみじみ聴く、歌唱法、楽器演奏法、自然な身体表現法など、幅広い主張をなさっていました。私の岐阜での活動は、社会や県の要請もあり、結果論ですが、「療法」というよりは泉山先生の考えに傾いていきました。しかし、私が一番泉山先生を意識したのは、アメリカでの1週間あまりの研修から帰ってきた時です。カンザス大学の多くの人が言っていた「この領域は神様と心を通わすような領域」（残念ながら通訳を介してなので、正確ではないかも知れませんが）ということをわかってくださった唯一の人だったと感じました。

　泉山先生はアジアの楽器「ガムラン」などの音楽をたくさん活用されていました。バリに別荘を持つほどにアジアの民族音楽を愛していました。踊ったり叩いたりすることが苦手な私にも、そのようなワークショップに積極的に誘ってくださいました。ある舞踏家のおうちに連れていただいた時、皆でお面をかぶり、音に合わせて体を動かしたのですが、私も何のてらいもなく、部屋中を動き回り、楽しかった記憶があります。

　東京音大の泉山先生のゼミでは、品川埠頭の「小山」で一晩泊り込んで、港の音を採取したり、秩父の山まで出かけて行き、日本の神々の歴史や鳴り物の音を体感したりもしました。その頃の東京音大の同級生が後に「音楽の友社」の編集者になり、音楽療法に関する記事を書くようになっていて、岐阜で再会したのでした。また作曲科に在籍していた男子学生たちと銀座に繰り出して、すき焼きを食べたりもしました。いま思うと、お金のないあの頃にどうしてそんな贅沢をしたのか？　でも楽しく興奮する鍋パーティーでした。

　当時、東京音大の年間の授業料（24万円）は決して安くはなかったの

で、1年で在籍は終わりにして、2年目は村井先生のお手伝いということで、もぐりで講義を受けながら、先生がお休みの時は、ゼミの「まとめ役」のようなこともして2年間通いました。村井先生にはこの東京音大のほか、下総療養所（千葉）での見学実習、国立音楽大学、聖徳大学、岐阜県音楽療法研究所でお世話になりました。

1　はじめに出会った人びと

　はじめの行動を起こす助けとなった方として、妹（三女）の知人から松本（カトリック教会）神父様を紹介していただきました。松本神父は聖マリアンナ医科大学と私の橋渡しをしてくださったので、岩井寛先生の研究室を訪ねることが可能となりました。

●岩井寛先生（芸術療法分野で活躍）

　岩井先生は当時、「絵画療法」の第一人者でした。岩井先生を訪ねたその日は、先生が急用で外出中でしたので、結果的にはお目にかかれませんでした。そのとき院内で行なわれていた患者さんの絵画療法グループに参加させていただいたのですが、自分が書いた絵（果物数点）にはお皿がありませんでした。当時の自分に受け皿がないことに気づかされました。先生はよくアフリカなどにいらしていたのですが、原因不明の疫病で若くして亡くなってしまいました（1986年）。先生の死を芸術療法学会の多くの先生方が惜しんでいらしたのが印象深く残っています。

●長谷川和夫先生

　長谷川先生に初めておめにかかったのは、聖マリアンナ医科大学の精神科の主任教授をなさっていた頃でした。岩井先生を訪ねた日、岩井先生は不在だったので「ぼくがここの責任者だから、ぼくに挨拶するのが筋だよ」と、ニコニコしながら教授室に招き入れてくださいました。それは私が高齢者領域に進むという運命のような出会いだったのかも知れません。後に三鷹の病院（長谷川病院）で診察に同席させていただいたり、先生が認知症の第一人者となられてからは書籍や論文を通して、勉

強させていただきました。

音楽療法を学び初めた頃

- 東京音楽大学で応用音楽コースに在籍（村井靖児先生他から音楽療法を学ぶ）。
- 東京武蔵野病院で音楽療法を実践している先輩のアシスタントをする。
- 先輩方の現場（山田病院、東横第三病院など）で伴奏者やアシスタントをする。
- 平行して村井先生の病院（下総療養所・精神科）の見学をしたり、セッションの一部を担当させていただく。
- 松井紀和先生主催の河口湖セミナーに参加し始める。

臨床・実践

- 竹内孝仁先生から紹介していただいた老人総合施設「至誠老人ホーム」で、一人で実践を始める。
- 至誠老人ホームでいろいろな職種の人と出会う。
- 栗林文雄先生と松井先生他15名とアメリカ・カンザス大学を訪問。
- つたない実践でしたが、至誠老人ホームの実践を他人に話すことを繰り返す。
- 泉山先生の紹介もあり、BGM協会から40万円の研究費をいただく。
- 上記のお金でワープロを購入、文章をまとめることが取り組みやすくなった。

2 東京音楽大学の聴講生となる

　1982年（昭和57年）、34歳にして初めて仙台を離れ、東京に移住しました。土地勘もなく、夜のアルバイトの関係で大田区蒲田に住居を探しました。ちなみに東京音大の所在地は豊島区・池袋でした。適当なと

ころが見つからないでいると、蒲田駅東口に学生会館を見つけたのです。そこは「男子学生のみ」となっていましたが、交渉の結果、フロアの一部を女子学生にも開放することをオーナーが考えてくれたので、家具付きのその会館に入居を決めました。

　東京音楽大学の全体象はここでは省略しますが、1982年頃、国内では音楽療法を学べる大学はありませんでした。東京音大には「応用音楽コース」があり、音楽を多方面から見た講座が設けられていました。その後、10年ぐらい経ってからは、演奏家を育てる音楽大学に路線を変更したため、私が学んだような講座は廃止されました。

　丹羽正明、福原信夫、宮沢縦一、山下充康、小林龍峰、建田人成、田村進、横溝亮一、泉山中三、村井靖児、若林駿介先生などが外部講師として講座を開いていました。私は村井先生、泉山先生、横溝先生、田村先生の授業のほか、教育科の実技（チェロ）とオーケストラの授業をとりました。どの授業も私にとっては刺激的で楽しかったです。

　この年の教育科オーケストラの発表曲は「夕鶴」（團伊玖磨・作曲）でした。声楽専攻の人の歌が入った初めてのオーケストラで、オペラの伴奏をする体験に感激の日々でした。このような経験は初めてだったので、とても感動し、楽しいものでした。12月の学外演奏会に向けて練習を積んでいたのでしたが、妹の彰子の結婚式と大学の発表会の日が重なってしまい、残念ながらステージに立つことはできませんでした。

　当時の東京音大は宮城学院とは違った雰囲気で、一般の学生はあまり競争心もなく、いろいろな楽器をする人がいて、しかも共学だったので、私としては一回りも年齢の異なる学生と一緒の楽しい日々でした。

応用音楽コースに在籍

　東京音楽大学の聴講生として年間24万円の授業料を払って学生登録をし、村井靖児先生から「音楽療法」を学び始めました。この大学では、1年間、村井先生の講義を受けたほか、泉山先生の「環境音楽」、

横溝先生の「音響学」、そして実技の講座や教育科のオーケストラの授業にも参加しました。宮城学院の音楽科とは違って、いろいろな楽器の音が聞こえてきて、「あー、音大とはこのようなところなのだなー」と感激した覚えがあります。

　泉山先生の授業の一つで、音環境の調査をいろいろやりました。「山の手線は駅ごとに音の状態が違っている」（今のように駅ごとで発車音が設定される以前のことです）と都会の生活に慣れていない私が言うと、「そんなに違わないでしょ、でも各駅で音を採取してみるのもおもしろい」ということになり、駅ごとに音を採取したことがありました。採音してみると確かに違っていたのです。それが後に、あの駅ごとのサイン音のように変化していったと思われるのです（我々の提案でそのようになったわけではありませんが）。またジョン・ケージの無音の音楽や、サティーの音形の繰り返しの音楽など、それまで私が触れることがなかった音楽をたくさん知りました。

実践現場の見学

　また、大学と平行して「東京武蔵野病院」というところに見学にも行きだしました。先輩の久保田牧子さんらと一緒に、生まれて初めて精神病院の「閉鎖病棟」というところに患者さんを迎えに行ったりしました。いろいろな病棟からお連れした患者さんと広いホールでさまざまな歌を歌い、終わるとまた病棟まで送り届けるのが私たち助手の役割でした。あるとき、私はギックリ腰になってしまったのですが、村井先生に「きみは精神病院を初めて見て精神的にショックを受け、腰を悪くしたのだろう」と言われてびっくりしました。

夜のアルバイト

　「夜のアルバイト」は皆さんが想像した仕事とはたぶん違っていると思いますが、日中は大学の授業があったので、アルバイトは夜の時間帯

で探しました。仙台時代から上京するたびに、『とらばーゆ』という求人情報誌を定期的に買って見ていました。その中から、いくつか応募したのですが、多くはダメでした。返信のあったある有線放送の会社に一応決めていましたが、「有線放送」とはどのような仕事をするかも正直わかっていませんでした。

　飲食店向けにはいくつかの放送のチャンネルがあって、チャンネルごとに演歌、西洋音楽、BGMなどを分けて音楽を流すようなシステムになっていました。当時の私は常識では考えられないくらい、世間で流れていた一般的な音楽は聴いたことがなく、演歌もそれ以外の歌も区別がつかないような状態でした。

　結局4ヶ月しか働きませんでしたが、ここで、短時間に集中的に演歌などを覚えたように思います。仕事は17時ごろから始まるのですが、忙しいのは20～21時頃で、職員は女性3人、男性1人の計4人でした。このころ流行っていた曲が「北酒場」や「氷雨」で、私は当然初めて聴いた演歌でした。

　一緒に仕事をすることになった人たちは学校時代の同僚とはまるで違う経歴の人たちで、はじめは少し怖さもありましたが、慣れてくれるにつれて年配の女性が親切にいろいろ教えてくれるようになり、それなりに職場にも慣れていきました。時々、芸能事務所や歌手本人から「空いた時間があったら自分のレコードをかけてほしい」というような電話もかかってくることもありました。時には本人が訪ねてくることもありましたが、芸能界にはまるでうとかった私は、歌手が訪ねて来ようがまるで心が動くこともなく、仕事を続けていました。

　有線の仕事は、レコードを棚から出してプレーヤーに乗せるのです。棚からのレコードの出し入れは立ったりしゃがんだりの動作が続くのです。たぶんそれがもとでギックリ腰になったのでしょう。原因はほかにもいろいろあったのでしょうが、夜の有線の仕事を続けるべきか悩みました。

付け加えるともう一因に、そのころ職場でロッカーから給料が盗まれるという事件が連続して起こっていました。なぜか私だけがその被害にあいませんでした。ある日、有線放送の所長さんから職員が一人ひとり呼ばれました。給料盗難関係で呼ばれているにもかかわらず、私はめったにお会いすることのない所長さんに、今後このような業界ではBGMの活用が広がることを力説、お人よしというか、世間知らずというか、後で考えると"バカ"でしたが、その後のBGMや有線の活用の広がりは急速でした。もちろん、私の提言で広がったわけではないのですが、所長さんは本当に真剣に私の話を聞いてくださっていました。途中から盗難の話は消えてしまい、今後の有線放送の広がりの話になって終わったように記憶しています。

　大学で泉山先生や村井先生に有線放送関係の仕事の話をすると、先生方からは口々をそろえて「そのような仕事ははやく辞めなさい」と言われるようになりました。有線の仕事は河口湖のセミナーでも周りの人からいろいろ言われ、夏になってから辞めることにしました。４ヶ月という短期間ではありましたが、音楽の世界が格段に広がったことはいうまでもありません。

他大学のオーケストラにも所属することに

　大学に通っていた頃はオーケストラのための練習も必要だったので、学生会館に帰るとチェロの練習をしていました。室外にどれだけ音が漏れていたのかよくわかっていませんでした。ある時、となりの東邦大学の女子学生から「うちの大学のオケの方ですか？」と聞かれ、「アー、うるさくして申し訳ない」と即謝ったら、「いえいえ、そうでなく、メンバーを探しているのです」と声をかけられたのです。結果的に「責任者に会ってほしい」ということになり、東邦大学の学生オーケストラに入ることになりました。

　「とうほう」と聞くと音楽関係の皆さんは「桐朋学園」や「東邦音楽

大学」を思い浮かべるでしょうが、ここは音楽とはまるで関係のない医学部のある「東邦大学」でした。紹介していただいたチェロのトップ根本哲生さんは、私を東邦大のオケに誘ってくれたのでした。彼は音楽療法という言葉も知っていました。その後は時間が許す限り、学生オケの定期演奏会、ちょっとしたコンサート、東邦大の入学式などの式典にも参加するようになり、部外者でありながら、東邦大学を身近に感じるようになっていきました。

　根本さんは同じオケ仲間と結婚したのですが、奥さんとなった優子さんは多胎児の生命を助けることを専門にした医師として、テレビや新聞で取り上げられていました。彼はその後、東京医科歯科大学の基礎研究部門に移って病理診断の基礎研究をして、いくつかの大学を経て、今は昭和大学の教授になっています。

　この頃、東邦大の付属病院で、強盗にあった人を助けた青年の搬送を断ったために亡くなってしまうという事件があったばかりで、病院のほうはピリピリした雰囲気でした。

東邦大学で勉強の場に誘われる

　オーケストラとはまるで関係ない別なルートで、東邦大学医学部精神科教室の勉強会にも入れていただくことになりました。今現在、世の中で問題になっている精神科領域の話題や最近の医学会で話題になっているようなテーマを学ぶ勉強会にも週1回参加するようになりました。ありがたかったです。当時は日本航空の機長の逆噴射による墜落事故（1982年）は精神障害のためとわかり、医療者の関心が大きかったことや、広がりだしたばかりの「エイズ」の問題などが取り上げられていました。

所属していた音楽療法関係の研究会

　東京に移り住んでから、大学以外で以下の学習場面、研究会などに所

属していました。現在は他の団体に吸収・統合されたりして、そのままの名称では存在していない団体もありますが、ここでは当時の名称で記します。

「日本音楽心理学音楽療法懇話会」

　「日本音楽心理学音楽療法懇話会」は桜林仁（さくらばやし・ひとし）先生が主催していた会です。東京に引越しをする前から、時々上京した際には参加していました。当時は文京区音羽の福祉会館で開かれていました。桜林先生のほか、村井靖児先生、泉山中三先生、林庸二先生、貫行子先生などが常連で、参加者はだいたい15名ほどでした。

　この会の発表で記憶にあるのは、1986年3月29日開催の第59回で、発表者は「障害児への民話による音楽劇の試み」の倉内直子（武蔵野音大）と「ある登校拒否児への療法的音楽指導の試み」の斉藤明子（学芸大）でした。斉藤明子さんのお母様は宮城学院の卒業生で、私の母親とも知り合いであったことが後からわかりました。後に、参加者が増えたため、千代田区飯田橋のセントラルプラザ内にある福祉センター会議室に場所が変わりました。当時、桜林先生は東京芸術大学教授でしたが、退官後は日本大学芸術学部の教授になられました。

　この会は実践の発表は少なく、林先生や貫先生の文献紹介や実験の発表が多かったように思いました。当時の私には理解できない内容のものばかりでした。飯田橋に移ってからは、たまに実践家や海外から帰国した人の発表も行なわれるようになったりしましたが、私はわけもわからないまま皆さんの発表を聞き続けていました。会終了後は神楽坂の喫茶店で、桜林先生を囲んで皆と食事をするのが楽しみとなりました。そして、いろいろな情報の交換がなされました。

新日本音楽療法研究所

　1990年4月、それまでの東京実教学院・日本音楽療法研究所（新宿）

で指導に当たってきた桜林仁、伊藤温、林庸二、丸山忠璋、斉藤光孝先生らが中心となって、同学院の閉院を機に「新日本音楽療法研究所」を発足させたそうです。私はこの会には出席していませんでしたので、会の内容を記すことはできませんが、会報は読ませていただいていました。発足後「音楽療法の会」への支援を中心に音楽療法の研究啓蒙活動を行なっており、巻頭言で桜林先生は「療法的芸術論」を書かれていました。また、25巻（1994年）冬号に、当時音楽療法士であった生野里花さんが大江光さん（大江健三郎さんの子息）のことを書いているのですが、なかなか興味深い内容でした。

　前年の1993年5月29日に、宮城学院同窓会主催の講演会（会場：仙台国際ホテル）で大江健三郎さんの話を直接聞く機会があり、その日のテーマは「生きることと表現」でした。「知的障害のある息子の光に対して、夫婦として常に注意をしていなければならなかった。音楽が好きというのも、注意をしてよくみていたからわかった。音楽を勉強するということも注意深くかかわることが中心となる。音楽をきくと、どんな哀しみ、苦しみを抱いているかわかる、苦しみを抜け出せる道を発見している。息子光が表現したいということを伸ばしてきた。どのように自分が生きてきたか、生きていこうとしているかを表現すること。そして人の表現に注意を働かせることに、教育の根源（元）がある」……。大江さんは、息子の光さんを注意深く見ていて、「息子は音に対して、非常に敏感であることに気づかされた」と話していたことが、記憶に残っています。

　ほかに「音楽療法合同研究会」、「武蔵野市障害者福祉センター実践の場と研究会」（武蔵野市八幡町）、「河口湖セミナー」（山梨県河口湖で年1回）などで、このような研究会・研修会に参加していました。

3 手探りの実践期

見学・実習などの現場

1. 東京武蔵野病院
2. 武蔵野市障害者福祉センター
3. 下総療養所
4. 調布市山田病院
5. 東横第三病院
6. 佐々木病院（ここは実習というより、正確には見学でした）
7. 回生堂病院

　はじめは東京武蔵野病院で知り合った久保田牧子さんの紹介で、武蔵野市の障害者福祉センターの児童部門や東横第三病院のアシスタント、山崎郁子さんからは山田病院の伴奏者の仕事をいただきました。また村井靖児先生の勤務先であった、千葉県にある「下総療養所」の精神科で週1回、見学したりセッションの一部を担当させていただきました。通ったのは、確か半年ぐらいだったと思いますが、大田区蒲田から千葉県下総までは電車代もままならず、それ以上は続けられませんでした。

武蔵野市主催の障害者福祉関係

●久保田牧子さん

　先輩の久保田牧子さんらが始めていた、行政の中で行なわれていた音楽療法に接することになりました。「1983年（昭和58年）武蔵野障害者センターだより」によると、「音楽療法・言語相談をはじめます」が、昭和58年度の事業のあらましでした。久保田さんが書かれた文章によると、「音楽療法とは、音楽を治療の手段として用いる心理療法の一つです。現在、その実践は老人施設、精神病院、特殊教育そして障害

児の施設など多方面にわたって盛んに行なわれています。（中略）ここに音楽は子供の心に働きかけるだけでなく、子供自身がその音楽を通して外の世界へと自分を表現できるものであるといえましょう（以下略）」。大人に対しては「音楽療法訓練」という言葉が使われていましたが、「音楽鑑賞、楽器演奏、コーラスなどを通して自己の認識を深め、自己主張・表現・感情の発散・コミュニケーションの発達をはかります」と書かれていました。

　私はここで、障害児のセッションのアシスタントとして定期的に通いましたが、子供相手には体力が追い付いていかず、子供領域は断念しました。35歳で音楽療法を学び出した私には、児童の激しい動きに付いていくのは難しいと思われたのです。ここで、数ヶ月ごとに行なわれていた全体のミーティング・研究会の場で竹内孝仁先生にお目にかかることになりました。

　「東横第三病院」では、久保田牧子さんの指導のもと「鑑賞」による音楽活動を行ないました。数曲は私が用意し、あとは患者さんからのリクエスト（前もって伺っておく）をかけ、感想を言い合うような活動をしていました。久保田さんは、とにかく実践を学会などで発表することを継続していました。私も見習いたいと思いつつも、私には困難なことでした。

●山崎郁子さん

　山崎さんとは東京武蔵野病院で出会い、家が近かった（吉祥寺南町）こともあり、すべてのことに初心者であった私を音楽療法の臨床場面でアシスタントとして雇ってくれた人でした。そしてちゃんと交通費も支払ってくれたのです。山崎さんのポケットマネーだったと思うのですが、とてもありがたかったです。最初は、彼女が作業療法士として給料をもらっていた「山田病院」の音楽療法の場面で伴奏をさせていただきました。学校時代と違って、知らない曲ばかり。山崎さんの独特な感性で、その時々に流行っている曲を取り上げていくのです。毎セッション

ごと同じ曲をリクエストしてくる人もいましたが、今流行っている曲が歌えることに職員も患者さんも大喜びで、一緒に歌うことを楽しんでしまっていました。

　私が知らなくてピアノが弾けなくても、彼女は声でどんどんリードしてくれるので助かりました。ここは精神科の病院でしたが、「下総療養所」（村井先生が勤務していた病院）とはまた違った雰囲気を持っていました。その後も彼女の前向きな行動力に引っ張られることが多く、岐阜時代も含めて、ずーっと助けてもらっていました。

河口湖の音楽療法セミナー

　1976年（昭和51年）10月に、山梨県の勝沼で第1回のセミナーが開催されました。第3回までは勝沼でしたが、参加者の増加により、第4回から河口湖「富士桜荘」（人材開発センター富士研修所）での開催になりました。このセミナーは松井紀和先生が主催され、私が参加した時は、すでに「第7回」（1982年・昭和57年）を迎えていました。参加費用は2泊3日で29,000円でした。セミナーは第34回（2009年）をもって終了となりました。主催の松井先生も2023年9月で93歳、山梨県甲府市で生活されています。

●佐々木邦幸先生

　この河口湖のセミナーで知り合った佐々木邦幸先生にお願いして、下総療養所とは異なる精神科の病院を見せていただくことになりました。佐々木院長の病院（佐々木病院・船橋）は、当時の精神科としては珍しく開放病棟を主にしていた病院でした。心理職の人と共に病院内の活動に参加したり、精神科の患者さんとテーブルを囲んで話したり、物を作ったりして半日を過ごしました。現在は息子さんの代に変わっていますが、地域に開かれている点はお父様の基本理念と変わっていないようでした。

　その病院内での勉強会・第10回のセミナーで、佐々木先生は「この

病院の運営では大きな問題が起きたときは、その状況を職員に提供することで、皆様のアドバイスをいただいて治療に反映したいと考え、そのような主旨でセミナーを続けています。日常的な臨床のあり方が主題となり、今まで来ることができました。グループ構造論の学習なども職員に勧めています」と、セミナーの報告書に記載されていました。右も左も分からない私に心理職の人をつけてくれたのも、病院内のあらゆる活動に参加させていただけたのも、上記のような理念のもとだったことを後になってから知り、感謝でいっぱいでした。

●越中屋清信先生

「金沢福祉専門学校」に関して私はかかわりがないうちに越中屋先生は亡くなられてしまったので多くは記載できませんが、私たちが音楽療法に取り組みだした初期の頃、先生は介護事業のマンパワーの養成に力を注いでいました。金沢福祉専門学校は1973年に越中屋清信先生が創立した「金沢高等音楽学院」に基盤があり、1990年には社会福祉の専門学校となり、久保田さんや山崎さんが幾度か講義に行っていました。おそらく越中屋先生の構想の中には音楽療法士の育成もあったのではないかと思われましたが、先生は志半ばで亡くなられてしまったのは残念なことでした。（参考：校報平成7年9月4号）

●鈴木純一先生

鈴木先生はイギリスから帰国したばかりで、「海上寮療養所（千葉県旭市、「社会福祉法人ロザリオの聖母会」運営の精神科病院）に勤務なさっていました。「集団力動」を海外で学んで帰ってきたばかりという先生から情報を得るため先生の病院に行き、グループにも参加させていただきました（1988年）。

当時の私のメモには、「鈴木先生は患者同士の横のつながりを強めることを基本に、症状やその人の問題は患者さんが自分で見つけていく、治療者が答えを出すことを避ける、訴えの裏にはさらなる裏があることが多く、見せかけの訴えにとらわれすぎず、本当の問題は何かを見てい

くこと。クライエントが自分で解決できそうな問題は、考えを整理して
いき、セラピストの考えを押し付けないこと。同じ質問を繰り返す人に
は、答えを変えて提示してみる、または何も答えないほうが、相手が落
ち着くこともあること。セラピストをまともに受け入れないような自閉
的な人は、こちらが通じていないと思っても、通じていることもある、
身体的接触で通じていくこともあること。接触の取りにくい人には、う
まく行ったケースの反応を覚えておくこと。さっと言い出せるようなこ
とが言い出せないで、イライラが高まることもある」などが残っていま
した。ここでは、職員の研修としてのグループ体験をさせていただきま
した。

●小倉清（きよし）先生

　小倉先生は思春期領域精神医学の第一人者で、思春期を中心に外来を
やっている実力のある先生でした。この領域に私は一番関心が高かった
のですが、当時は思春期に関心を寄せている医師が少ない現実もわかり
始めていました。小倉先生はこの分野では貴重な先生だったのですが、
私とは相性が悪いというか、思春期の子供と親の関係のように、親しい
関係は結べませんでした。先生には私の稚拙な発表を笑われ、学校時代
の不登校の高校生のケースを出しては叩かれていました。

　この凍りついた関係は、後で出てくる先生の姪御さんの一言で解けて
いきました。先生の姪御さんが留学から帰国して青山学院高等部に在
籍し、ハンドベル部に入ってきました。あるとき、「あー、きよしおじ
ちゃんね」の一言で、気難しい先生へのイメージが和らいでいきまし
た。小倉先生とは親しく話すことはできませんでしたが、小倉先生の勉
強会に参加していた若手の先生方の病院に誘われたりして、臨床の場が
広がりました。

●吉川（きっかわ）武彦先生

　精神科医の吉川先生とは書籍やテレビ番組を通して知ったのですが、
バレンタインチョコを一方的に送ってみました。返事が返ってくるとは

思っていなかったのですが、先生から返事をいただき、しかも先生も若い頃に病棟で音楽を実践していたことを知り、私のほうでぐっと距離が近くなったように感じてしまいました。ずっと後になってから「岐阜済美学院」（中部学院大学を併設）で再会、音楽療法士協会を作る相談に乗ってくださっていたのですが、70歳代後半に心筋梗塞で亡くなってしまいました。葬儀の場で、先生の幅広い活動（精神科医ではあったのですが、知的障害者の生活支援など）を知ることにもなりました。

●竹内孝仁先生

　竹内先生とは武蔵野市の障害者福祉センターの研究会（勉強会）で出会いました。当時、先生は東京医科歯科大学助教授で、介護の世界で「オムツはずし」や、病後は1日でも早い離床を提唱するリハビリ医でした。当時、先生のような主張は医学界では受け入れられている状況ではなく、医学部の中でも陽が当たらなかった領域であることは私から見てもわかるような状況でした。ちなみに先生の研究室は東京医科歯科大学の地下にあり、薄暗く、助教授の研究室とは思えないような場所でした。また後で詳しく記載しますが、先生から「山の上ホテルに来るように」と言われたのは、東京医科歯科大学から最も近いホテルであったことも、地理関係が分かってから了解し、一人で苦笑してしまいました。

　竹内先生に出会った年の7月には、河口湖で開催される音楽療法の第8回セミナーに、先生も私たちと共に出席してくださいました。セミナーでは居眠りばかりしている私を幾度も突いて起こしてくださるなど、多少茶目っ気もある先生でしたが、先生のするどい視点で次のような指摘をくださいました。

　今では一般的な言葉になりましたが、「エビデンスに基づいた治療計画を立てること」を私に迫ってきたのです。当時の私は何を言われているのかまったくわかりませんでした。また竹内先生は、「皆が嫌っている領域、手をつけていない分野に入りこむことで道が開けるかもしれない。これからは老人の時代（昭和50年頃）、子供領域をやっている人は

たくさんいるのだから、皆がやっていない分野に手をつけるべきだ」と言われたのです。その言葉は頭には残っていましたが、すぐ決心を固めるには至りませんでした。

　先生はリハビリ分野で活躍していた三好春樹氏（理学療法士）などと会う機会や、理学療法士関係のジャーナルに投稿する機会も作ってくださいました。その後、不思議と先生との出会いがあり、東邦大で私が声をかけてしまった人が先生の弟さんであったり、京浜東北線の中で羽田に行く途中の先生に偶然出会ったりしていました。先生の“毒舌”は私にとって何よりの大きな刺激的存在になっていきました。当時は、竹内先生が言われていたように、音楽療法に関わっている皆さんの多くが障害児とのかかわりに取り組んでいました。

日本臨床心理研究所

　研究所自体の説明は省きますが、この研究所主催の河口湖で開催されている音楽療法のセミナーは当時の大切な研修場でありました。

●松井紀和（としかず）先生

　松井先生は当時、山梨にある「日下部病院」の院長を退任され、甲府市で「日本臨床心理研究所」を開設して、そこの所長をなさっていました。私は第7回（1982年）に東京音大の同級生の河合美加さんと一緒にこのセミナーに初参加しました。新宿からバスで河口湖に向かったのですが、心細いような、ワクワクするような不思議な感じでした。東京音大の同級生が同行してくれたのは、とても心強いものでした。

　私は会場の富士桜荘に着いて、前に広がる大きな山を見て、「これはなんという山ですか？」と聞いてしまいました。周りの人が、一瞬、沈黙をしてしまったのを覚えています。セミナー会場は、目の前にゴルフ場、そしてその後ろには富士山が広がる山梨の人自慢の会場でした。たしか経団連のセミナーハウスと聞きました。

　これ以降、毎年開催されたこのセミナーで、音楽療法の基礎的部分と

実践現場を勉強させていただきました。発表の機会、そしてその後の
ジャーナルに文章を書くことが、私の大きな成長への足がかりとなりま
した。

　第10回（1985年）に、「老人ホームで音楽活動をはじめたこの一年を
振り返って」と題して、初めて活動報告をさせていただきました。主な
内容は、至誠老人ホームでの活動が中心でした。この頃はパソコンも
なく、手書きの原稿でした。また「音楽療法」という言葉を使っていな
かったのは、施設長が「ホームは生活の場だから"療法"という言葉は
使ってほしくない」という考えだったからです。60分の発表時間に対
して、レジメは20ページにわたるもので、盛り込みすぎでしたが、1年
生の音楽療法士として、いかにいろいろ試行錯誤を重ねていたかがよく
わかるレジメだったと思います。

　第15回（1990年）では、「老人の音楽療法」と題して、老人の抱えて
いる問題（心身両面、家族との関係、日常生活、リハビリの計画）を基
にしながら、老人の音楽療法とは何なのかを皆様に考えていただきたい
と考え、一人の個人ケース記録をまとめたものを発表しました。

●加藤美知子さん

　ヨーロッパ・アメリカから帰国したばかりの加藤さんとは、この河口
湖セミナーで出会いました。日本にもこんな人がいたのかと私に声をか
けてきましたが、その後も学会などで関わりが継続しています。私とエ
ネルギーも能力の方向性もまったく異なる人ではありますが、長いこと
交流が続いています。

●大野桂子さん

　大野さんはイギリスで音楽療法を学び、帰国後は名古屋の「八事病
院」精神科に常勤で勤務していました。河口湖のセミナーや、東京音楽
療法協会の勉強会でいろいろ話をする機会が多い人でした。岐阜県音楽
療法研究所の仕事は「大野さんのような人が適任では？」と言っても、
「自分はあのような役所の仕事には向いていない」と言いながらも、私

の岐阜行きに際しては良き相談相手でした。私が岐阜に移り住んでから、彼女は肺ガンのため若くして亡くなってしまいました（享年45歳）。

●山本久美子さん

　山本久美子さんとは河口湖セミナーで出会い、30年来の友人で、発達障害児領域を得意としている人です。1982年より、山梨県で障害者と市民の相互交流を目的に「山の都ふれあいコンサート（一般募集による作詞作曲のコンサートとオリジナルミュージカル）」を地元の人の協力のもと企画運営実施し、2023年で43回を迎えているといいます。山梨県生まれ、山梨県育ちの彼女は河口湖セミナーに、いつも一升ビンのワインを持ってきて私たちの夜の活動を盛り上げてくれていました。

●宇佐川浩先生

　宇佐川先生は淑徳大学の教授、児童の発達に関するスペシャリストで、普通児に対するような通り一遍の浅い見方では障害のある子供の特性を見つけることはできないと主張、それはそれは緻密に子供や親と関わっていらっしゃいました。先生の実家が高山ということもあり、岐阜県音楽療法研究所で長い期間、児童のケースを見てくださいました。この仕事の過労が先生の命を縮めたかも知れないと心を痛めているのですが、先生のスーパービジョンは贅沢な時間でした。2010年に65歳で、病気のため、あっという間に亡くなられてしまいました。

●柴田澄江先生

　柴田先生は作業療法士で、名古屋の大学で作業療法士を育てておられました。河口湖で開かれていた他職種のセミナーのワークショップで、至誠老人ホームでの私の苦しい立場を理解してくださったお一人でした。

●鈴木（小山）晴美さん

　鈴木さんは、松井先生の勉強会や調布市の仕事で関係を深めた人で、考え方がとても似ているような、大きく違っているような、そんな方でした。イギリスで勉強してきた音楽療法士で、後に彼女の通訳兼案内で

カンザス大学を訪ねることになりました。

●栗林文雄先生

　栗林先生はカンザス大学留学後、いろいろの情報を私たちに提供してくださいました。私たちがカンザス大学を訪ねた時は忘れられないくらいお世話になりました。皆での見学が終わった時間には、大学があるローレンスの小さな町のレストランは閉まっていたため、栗林先生の奥様が全員分の（たしか15名ぐらいはいたと思います）「おにぎり」を作ってホテルを訪ねてくださったのです。あとで伺った話では栗林先生のお宅の米びつは空っぽになってしまったそうです。岐阜では、もっと別な面で先生にお世話になりましたが、岐阜の部分で書かせていただきます。

東京カウンセリングスクール

　「東京カウンセリングスクール」は、この領域を勉強しなければと考え、入学したのでしたが、常に劣等生状態でした。渋谷の表参道にスクールがあったので、青山学院の仕事後に寄るのがちょうどよいくらいの軽い気持ちで通い始めたのですが、甘いものではありませんでした。

●繁田千恵先生

　東京カウンセリングスクールのファシリテーター（グループの促進役）が繁田千恵先生でした。ある時、現場見学ということで立川の「至誠老人ホーム」にスクール生が訪問してくださったのですが、スクールではいつもおどおどしている私が「老人の前ではまるで違った態度をしていることに驚いた」と感想を言ってくださいました。

施設見学

●原慶子さん

　少し前にさかのぼりますが、東京音大の聴講生時代のこと、大学が休みの時に社会福祉法人「新生会」の施設長である原慶子さんが、福祉の

勉強を始めたばかりの私を電話だけで見学の依頼を受け入れ、総合的な老人の施設を見学させてくださいました。この見学を通して、不十分ながらも老人関係の施設の全体像をイメージすることができたのかも知れません。

●鈴木育三牧師

　新生会グループで働いていた鈴木育三牧師とは2018年11月23日に出会って、このような本を書こうと思うきっかけをくださった最初のお一人です。岐阜から東京に戻った後、私が所属している教会で開かれた「社会生活セミナー」で、鈴木先生のお話に出てくる皆さんをほとんど私は知っていると思いながら聞いていました。その頃の私は、両親をすでに見送り、自分に日々押し寄せてくる「老い」という現実に流されるままで、なんの意欲もない毎日を過ごしていました。鈴木先生の話の終わり頃に出てきた林富美子女史の書かれた『夕暮れになっても光はある─特養寮母の看護絵日記』（1984年）という本は、「回生堂病院」（山梨の精神科病院）で院長からいただいた本でした。高齢期とはこのようなものかと、心を揺さぶられた記憶がありました。そして、後になって高齢者の音楽療法は「夕暮れの明かりだ」という文章を書くことに結びついていきました。

4　音楽療法の実践

(1) 第一段階：至誠老人ホームに就職

　最初の音楽療法の臨床現場（一人での実践）を開始したのは「至誠老人ホーム」（立川市）でした。「社会福祉法人至誠学舎」は、明治45年（1912年）司法少年保護団体として設立。昭和17年（1942年）財団法人、戦後社会福祉法人への組織変更を経て、昭和26年（1951年）、養護老人ホーム（至誠老人ホーム）の設立によって、老人福祉事業の第一歩を踏み出す。昭和52年（1977年）には特別養護老人ホーム、デイセ

ンター、和光診療所を持つ総合老人福祉施設としての機能を完成。(至誠老人ホームの案内パンフレットより)

「至誠老人ホーム」は地域に開かれた施設として、ボランティアも積極的に受け入れていました。私は、竹内孝仁先生の紹介で「至誠老人ホーム」に常勤の福祉課職員として就職し、一人で音楽療法の実践を始めました。制服のある職場でしたが、あとで登場する専門職の人は誰も着ていませんでした。私もそれまでに学んだことから考えると、制服は着ないほうがよいと思われましたが、施設長にうまく言葉で返すことができませんでした。その制服とは、「黄色」(山吹色)で幼稚園のスモックのようなもので、腰もお腹も隠してくれるので、それなりの作業着になりましたが、この制服を着ているのは、助手的な仕事をする人やお掃除のおばさんなどでした。介護職の人は上下の「水色」の制服でした。

はじめの3ヶ月は、見習いというか、お試し期間でした。あとで書類を見ると、処遇面でもそのような扱いになっていました。ちなみに給料は時給1,000円でした。朝は8時半の朝礼から始まり、昼食の時間は苑の職員食堂で美味しい食事をいただき、17時の終礼までが一つのサイクルでした。

お正月は1日から仕事で、私は元旦の式典でピアノで「君が代」を弾き、皆さんの歌をリードするのが役目でした。はじめの頃は皆さんの声がとても小さな声だったので、ある時、時間をとって「君が代」を練習しました。その中で自分がよく知らないのに、歌詞の解説をしてしまったのです。君が代の君は、「あなたのこの世が……」と説明してしまったのです。ここでまた私の教養のなさというか、教育の偏りなのか……、小学・中学・高校・大学と「君が代」を歌うことはなく育ってきていました。参加者の皆さんがしばらく「シーン」としていました。そして、三木さんという教養のある方が、「今の学校ではそのように教えるのですね、“君”を“あなた”と考えるとこの歌に腹が立たなくなるわね」と言ってくださいました。その後、慌てて本屋さんで「君が代問

題」の本を買い、学習し直しましたが、世の中ではたびたび「君が代斉唱中の起立問題」が取り沙汰されていたような時代でした。

この三木さんという方はとても上品で、高学歴で身の硬い方とお見受けしていたのですが、あるとき「私は『くちなしの花』という歌が大好きです。なんて品があってよい歌なのでしょう」と私に言ってきたのです。「いーまでは指輪も　まわるほど、やせて、やつれたお前のうわさ……♪」という歌詞です。たしかこれは不倫の歌だったと思うのですが、「この歌は不倫の歌ですよ」と彼女に伝えることはできず、皆さんとよく歌っていました。

●橋本正明先生

橋本先生は「至誠老人ホーム」の施設長でしたが、私とぶつかることも多い人でした。フィンランドで福祉を学んで、ライアさん（奥様）と帰国後、先進的な提案で施設を引っ張っていた方でした。当時は、この先進的施設のやり方はあちこちから注目されていました。ですから私はこの施設でいろいろな職種の人と出会い、知ることができました。作業療法士、言語療法士、理学療法士、ケースワーカー、老人ホームの看護師、陶芸、体操の先生など。そして今回いろいろ振り返ってみると、その後の私の音楽療法活動の主張の原点が「至誠老人ホーム」にあったということに気づかされました。それは、施設長であった橋本正明氏が私に指示してきた言葉、それは現在の私の主張と同じだったのです。

「処遇担当（者）から、気軽に音楽に関しての相談をうけられる手助けをしてあげるようになってください。橋本正明」と、回覧の書類に指示として書かれていたのでした。当時の私はこのことばの意味をほとんど理解していませんでした。

讃美歌を歌う会

●橋本ライアさん

ライアさんは橋本施設長の奥様ですが、フィンランドでは「讃美歌を

歌う会」があることを教えてくださいました。彼女は何かと私の提案に抵抗を示す施設長との橋渡しをしてくださり、とても助けられました。讃美歌グループには地域のボランティアの佐々木さんという女性を引き込んでくれたのも彼女のおかげでした。この施設には駒沢大学から定期的に学生と先生が法話に来られ、その参加は自由でしたが、施設内で特定の宗教を布教することは望ましくないことではありました。しかし宗教というより「讃美歌」という歌を通しての活動はライアさんのおかげもあり、施設全体として認めていただけました。

　活動は讃美歌（54年度版）の中から、20曲ほど私が選択し、大きくコピーして歌集を作成して、皆さんのリクエストで6〜8曲を歌ったり、何か話したいことが出てきた時はその方の話に耳を傾けたりしました。皆さんのリクエストで多かったのは、312番（「いつくしみ深き」）で、次の3節の歌詞を好んでいた記憶があります。

　「いつくしみ深き、友なるイエスは、変わらぬ愛もて、導きたもう、
　世の友われらを、すて去るときも、祈りにこたえて、いたわりたまわん」

　いま記録をひも解いてみると、ほかに291番「主にまかせよ」、320番「主よみもとに」、404番　「山路こえて」、496番「うるわしの白百合」をよく歌ったものでした。

　1985年12月20日のクリスマス前のある時は、立川教会の牧師先生をお呼びして会を開催。牧師の話を伺ったりしました。1986年3月9日の記録には、「今週亡くなった3人のメモリアルサービスとして、皆さんが好きだった曲を歌い、ライアさんと門間がこの3人の思い出を一言ずつ話しました」とあります。

　1986年4月25日には、フィンランドから来日中のライアさんのお母様をお迎えして一緒に歌いました。その時に、皆さんが書かれたカードの一部を紹介します。

　「国際結婚をなさって、遠くでお暮らしになっている娘さんが、立派

な主婦、また二人のお子様のお母様として日本人になりきって、この国の福祉にお力を出して暮らしていらっしゃるお姿をごらんになって、さぞかしご安心のことと存じます。どうぞいつまでも御姉妹のようなお若さを保ってお元気でまたご訪問くださいますように」（三木）

「ライア先生のお母様、お会いしたばかりですのに、お別れでございます。お名残り惜しゅうございます。私たちの讃美歌に涙してくださったお母様は、本当に心優しいお母様と思いました。ライア先生も親切な温情ある方です。どうぞお母様いつまでもお元気でいらしてください。またお会いする日を楽しみにしております」（安田）

「人間、死ぬことはたやすい。心、美しく生きとげることはむずかしい」（大倉）

などと書かれていました。

この会は、初めのうちは皆さんの好きな讃美歌をリクエストによって歌う形を取っていましたが、だんだん参加者の皆さんがいろいろなことを語るようになりました。讃美歌グループの方が亡くなった時は、玄関を出る（出棺）とき、皆さんでその方のお好きな讃美歌を歌ってお見送りをしました。そのことは家族がとても喜んでくださいました。また「自分は耶蘇（やそ）教でないけど、○○を歌ってほしい」と希望する方もあったり、唱歌や流行歌『星影のワルツ』『マギー若き日の歌を』でお見送りしたこともありました。私はこの活動を通して、高齢者が心の中に抱えている「死」に関する不安や疑問を少しずつ教えられることになっていきました。

知らない職種に出会う

この施設では、私が今までの生活では知らないさまざまな職種の人に出会いました。

●河本のぞみさん

河本さんは「OT」（作業療法士）として、至誠老人ホームで働いていました。私はこの施設で「作業療法」という仕事を初めて知りました。「恵泉女学園」（宮城学院と同系列のキリスト教主義の学校）卒業の彼女とは思考回路も生活感覚も、どこか私と共通していました。彼女のお母様（里見信子先生）は恵泉女学園高校の教員だったそうですが、定年後、チェロを習い始めていました。丹野修一さんという私たち音楽療法の仲間が先生でした。彼はレッスンとなると、老人だろうが、患者さんだろうが、容赦しない厳しい姿勢で臨んでいたようですが、お母様はその厳しさをむしろ喜んでいたようです。ガンで亡くなる頃は、バッハの「無伴奏チェロ組曲」を弾くくらいに上達していたそうです。

●野本章子さん

「ST」（言語療法士）という言葉は聴いたことはありましたが、現場で「言語療法士」なる仕事の人と一緒に活動するのは初めてでした。野本さんは一橋大学を卒業後、STの世界に入ってきた人でした。彼女は、3つの職種（OT＝作業療法士、ST＝言語療法士、MT＝音楽療法士）合同のグループの提案をしてきました。提案があった初めの頃、私はとても気おくれしていましたが、彼女が上手に私を利用してグループに引き込んでくれて、後にとても楽しい時間になっていきました。ご家族の転勤で広島に移ったのですが、広島でも音楽療法家と組んで同様な活動を続けていることを知りました。

●野村豊子さん

野村さんに出会ったのは、彼女がカナダで「回想法」を学んで帰国した直後でした。日本でその回想法の書籍を出す準備をしていました。後に私に長谷川病院（三鷹市）などのお仕事を紹介してくださいました。

——あとで伺うと、これらの人々はその分野の第一人者で、それなりの仕事をしていた人と分かりました。この至誠老人ホームでこのような人と一緒に仕事ができたことは、私にとってとても大きな宝となりました。

カンザス大学で研修

　至誠老人ホームに勤めていた途中（1985年3月24日〜31日）で、松井先生を団長に鈴木晴美さんの通訳で「カンザス大学」（アメリカ・カンザス州ローレンス市にある1865年設立の大学）に視察に行く機会がありました。

●**クレア先生**

　クレア先生はカンザス大学の音楽療法の主任教授で、栗林先生の恩師でもあり、後には岐阜にもいらしてくださいました。先生には高齢者の音楽療法の「ねらい」を教わりました。私の質問に先生が答えてくださった老人の音楽療法の目的は、

　① 教育的に知的刺激を与える。

　② 音楽を通していろいろな人と交流する。

　③ 一人であっても、多数の前であっても、自分の気持ちや感情を表現したり出したりしていく。

　④ その時間が満足できるものであること。

　⑤ 音楽というのは、正しい形で（社会に受け入れやすい形で）老人にも発表の場や、自分を表現するチャンスを与えることになる。

　この答えは以後、私の頭の中で繰り返され、常に活動の「ねらい」の根底にありました。また全体を通して言われていたことは、「音楽療法の目的は技術にあるのではない、その活動を通して起こってくる患者さんとの問題を解決していくことが治療者としての役割である」と。大学では他のセラピストとチームを組んでいることが多く、音楽療法の中で出てきた問題や他の場面で出てきた問題をスタッフ間で多面的に話し合い、クライアントの持っている課題の解決に当たる、という治療技法がよく行なわれていました。

　そして次のようなことを目標にしていました。

　・音楽を通して、ほかの人とコミュニケーションがもてるようになり、社会性を学ぶ。

・音楽を通して、自分の気持ちを出す、表現することができるように援助する。
・音楽を通して、生きがいを得たり、感覚への刺激をする。
・音楽を通して、自身を取り戻させる、人生を楽しむ、人生を豊かにする。

　私が教員を辞めてこの世界に参入するようになった初めの頃は、周りの人の「門間さんは病気になってこのような世界に入ってきた」というようなことも耳に入ってきましたが、カンザス大学の皆さんと話をした時に、「一度、別の仕事を経験してからカンザス大学にやってくるのは通常の経緯」と伺い、日本と考え方が異なることを感じました。

　少し話がそれますが、そのカンザス大学の構内で「先生」と声をかけられたのです。びっくりして顔を見ると関本かなえさんで、宮城学院音楽科の卒業生でした。たしか高校生時代には私も音楽を教えていたと思います。「小さな大学ですから、日本から15人も見学者があることを聞いていましたが、まさか門間先生が来るなんて驚きでした」と言われてしまいましたが、こちらもびっくりで、思いがけない再会でした。私の認識不足でしたが、この大学は宮城学院の音楽科を創設したハンセン先生の母校だったのです。ですから、毎年宮城学院から誰かが留学して学んでいたということを後になってから知りました。この年はもう一人、高橋幹枝さんも留学中でした。あとで、彼女にも会いました。お互いにあまり変わっていない宮城学院関係者の再会でした。

　クレア先生は1986年5月にも来日し、東京・大阪で講演会を開いてくださいました。また「障害児の音楽療法」をテーマに栗林、松井、宇佐川、野田、山松、長瀬先生などと座談会を開催。のち1995年9月には、岐阜県でも独自に先生をお呼びすることになりました。

　私は、アメリカから戻って、また至誠老人ホームの仕事に戻りました。

日本BGM協会から研究費

アメリカから帰ってくると、泉山先生が「それではお金がないだろう、何か書いてみないか」と声をかけてくださいました。先生の推薦で「日本BGM協会」（放送関係の企業で作られた団体）から研究費がいただけることになりました。ほかの先生方の研究内容とはあまり格差があったため、金額は通常の半分ということで40万円でしたが、私にとっては大金で、この研究費はうれしいものでした。

何か書くと言っても、至誠老人ホームの日常ぐらいしか思い浮かびませんでした。そこで『老人ホームにおける音楽療法の可能性を考える』（JBA資料15、1987/62）と題するレポートを書かせていただきました。内容は、至誠老人ホームで始めていた音楽活動をそのまままとめて記載したもので、たいした内容ではなかったのですが、当時の世の中にはあまりそのような内容のものがなかったためか、意外な分野の方々が関心を寄せてくださいました。このレポートは「BGM協会」という一つの大きな組織を通して、世の中に音楽療法の実践現場を知っていただくことになったのではないかと思います。

さっそく、いただいたお金で「ワープロ」を購入しました。当時は親指シフトという特殊な入力方法でしたが、途中で普通のやり方に切り替えました。後にこのような機材を扱うことはパソコンにつながっていきました。このワープロのおかげで、「ものを書く」という行為に一段と加速がつきました。また現場の音楽活動・療法に関心を持たれたBGM協会の会員のセミナーなどで話をする機会が増えていき、私を企業者（出資が必要）でない会員（学術的知識を持つ者、多くは大学の先生方でした）にもしていただきました。

至誠老人ホームでの広報

至誠老人ホームで発行されていたお便りの中から音楽活動に関することを紹介させていただきます。

「七夕まつりに参加して：笹の葉サラサラ……♪、大勢の人に囲まれて大きな口を開いて歌っている母、ほんの少し前の母からは想像もできないことでした。……リハビリの中に音楽療法士がいらっしゃることを知り、感動しました」（『至誠ホームの家族会だより』）

私は当時の便りの中に、次のように自分の活動を紹介しています。

「ちなみに、MTとは音楽療法の略語、ここでは療法というより、集団の生活の中で音を楽しむ活動と考えております。偉大な哲学者から、カラオケを手にする一市民にいたるまで音楽に関する哲学を持っています。でも、皆が言い尽くせない何かが音楽の中にあるのです。ですからここでのMTはなんのためなどという狭い目的でなく、各人が楽しんで参加していただければ十分です。楽しくないなーと思った時は私に一言ご忠告を。喜んでお受けします」と書いています。（出典：『至誠ホームだより』の中の「生活訓練室からこんにちは（生活訓練室は生きがいと健康づくりの場です）」、昭和59年7月136号）

今、読み返すと、決してうまい説明とは思いませんが、このように、ことあるごとに、自分がやろうとしていることを文章でも言葉でも利用者や職員に伝えることを、この至誠ホームでは訓練されたように思います。そして、利用者向けの『ともしび』という新聞には「昭和61年のコーラスをあなたと共に」と題して次のようなことを書いていました。

「歌をどんなときに、口ずさむか、（中略）歌は人間の感情と結びついていることが多い。それは内面を深めつつある皆さんと、現在練習中の「マイ・ウェイ」──やがて私もこの世を去るだろう──で始まるこの歌は、淋しいと思われる方、自分の一生を振り返っているようだなど、受け取り方は人さまざま」……。

こうしていろいろな職種と共に仕事をしたことで、老人や訓練（リハビリ）に対する見方が広がりました。それと同時に、「生活とリハビリ研究所」の理学療法士・三好春樹さん、「在宅リハビリと歌体操普及会」

の看護師・寺島龍子さんなど、人との関係も広がりました。

印象に残っている利用者

●たまさん

　たまさんは、デイサービスの利用者で国立（くにたち）在住の方でした。私がまだデイサービスで何をしたらよいかわからない頃、「あんたが好きだから、あんたが言うことはやってみようと思う」と言って、私が勧めることにチャレンジしたり、私が「これは美味しいですよ」と言うと、知らないお料理にも箸を運んでくださったりしていました。職員として、利用者との関係づくり、声がけの仕方などを学ばせていただいた最初の人でした。

●井納さん

　井納さんは、90代後半の方でした。さほどしゃべるほうではなかったのですが、私たちがアメリカに短期で出かけるのでお休みすることを報告に行ったとき、「向こうはピストルという怖いものがあるから気をつけなさい」という言葉が返ってきて、びっくりでした。後にこの方が、宮城学院の早坂学院長の義理のお母様だったことを知ることになりました。どうりで、讃美歌はよくご存知でしたし、なんか肌感覚に近しいものを感じていました。

　——たくさんの方のことを書きたいのですが、ここではお二人に留めておきます。

入所者のことを「彼ら」という呼び方はいかがなものですか？

　私の記憶が違っていたら申し訳ないのですが、『理学療法』（メディカルプレス）という雑誌にある文章を載せたところ、「任運荘」（大分県）の職員の方から「文章の中でお年寄りのことを、門間さんは"彼ら"と言っていますが、その言葉がとても気になりました」という主旨のお手紙をいただきました。これは"利用者"というような言葉がまだ使われ

ていない頃のことで、私がいろいろ模索中の言葉の迷いでした。

　その後、しばらくの間、任運荘からはお便りを送ってくださったのですが、そのお便りの文章を読んでみると、とても入所様のことを大事にされている施設であり、名称のみではなく、最後の葬儀でのお別れの時までを大事になさっている施設で、以後も私の頭に浮かぶ施設の一つです。1988年（昭和63年）頃のことです。

リハビリ関係の雑誌に投稿

　『理学療法と作業療法』（医学書院）に、「音楽療法」の特集が組まれました（21巻7号、1987年7月）。音楽療法について特集するのは編集者も初めてということだったので、原稿（障害老人に対する音楽療法）を松井先生に見ていただいてから提出しました。村井靖児、宇佐川浩、山崎郁子、門間陽子、赤星建彦、蓮村幸兌などで執筆しました。この頃はPT・OTの雑誌は合本でしたが、現在は別々に発行されています。

『週刊文春』のインタビュー記事

　あるとき、稲垣晴美さんという『週刊文春』の記者からインタビューを受けることになりました。音楽療法とはどのようなものかを知りたい、そして誰か実践家を紹介してほしいということでお会いしたのですが、いろいろ話をしているうちに、現在の私の活動に関心を持っていただき、私を記事にすることになってしまったのでした。

　こんな駆け出しの私を記事にしてもらってよいのか迷いましたが、その後のことは出版社にお任せしました。前述の早坂院長の話の例にもあるように、この記事はよい意味での週刊誌の力を知らされることになりました。後に編集者から「音楽療法に関する問い合わせが多いことにびっくりした」と、お手紙をいただきました。

至誠老人ホームを退職

　至誠ホームを辞めることになった原因は、私の傲慢さでした。お掃除のおばさんと同じ制服で、時給も同じ？　たしか私は1,000〜1,100円でした。作業療法士や理学療法士の人から「それは安すぎる」と言われて、それを鵜呑みにして施設長に言いに行ったのですが、「きみのやっていることはその程度だ」というようなことを言われ、「では辞めます」ということを言ってしまいました。

　いま思えば、認められた資格もなく、手探りで仕事をしている、そんな者に臨床の場を提供していただいていることに感謝こそすれ……という自分の立場をわきまえていない浅はかな行動でした。こうして竹内先生が紹介してくださった至誠老人ホームでは何かと施設長に反発を抱き、3年で辞めてしまいました。

再度、竹内先生にすがる

　初めての就職先（至誠老人ホーム）を辞めた時、「山の上ホテルで会おう」と誘ってくださった竹内先生に、世間をあまり知らない私は「ホテルに誘うって？」と思ってしまったバカ者でしたが、先生は「こんなときは美味しいものを食べて、次を考えよう」という話をしてくださいました。何を食べたかは覚えていませんが、久しぶりで美味しい洋食をご馳走になりました。今もお茶の水にあるYWCAのスイミングスクールに通うために「山の上ホテル」の前をよく通るのですが、ついつい当時のことを思い出し、一人で笑ってしまっています。

ハンドベルのコーチ

　ここで話が少し別な世界に飛びます。私は前述のとおり、宮城学院というキリスト教主義の学校に11年勤めてから「音楽療法」の世界に転向してきた者でしたから、申善珠さん（ハンドベル連盟事務局長）はいろいろ心配をしてくれていました。さらにいうと、彼女は生涯、私の精

神を支えてくれた人でした。

　その申善珠さんから「青山学院で教えてみない？」との誘いを受けました。「エーッ、青山学院ですか？」と、最初私はかなり気おくれしていました。しかし、学校に行ってみると宮城学院と違って共学であるうえ、子供たちがさっぱりしている印象でした。高等部で放課後に練習を始めたところ、こちらがいちいち言わなくても自分たちで準備が進められ、比較的音楽に集中することができました。申さんは、私が宮城学院のようなところから突然、老人ホームや精神病院に勤めて、「門間さんまでが病気になってしまうのではないか」と心配をしてくださっていたのでした。

　たしかに「青学」に行く日はルンルン気分でした。礼拝でベルの奉仕をする日などは、昔の緊張感が戻り、生徒への命令口調も許され、しかもあの懐かしい礼拝にも参加でき、なんかこのまま学校に戻りたいような気分になった時もありました。

　高等部は軽井沢の「追分寮」で合宿もありました。顧問の先生と一緒でしたが、責任の違いにいろいろ驚きました。ほかのクラブの生徒たちとも一緒で、「共学もいいものだ」と思いました。この合宿の場で「はとこ」の門間和夫（東京女子医科大学医学部循環器小児科名誉教授）さんのことを聞かれたのです。「門間という苗字が珍しかったので」と、男子生徒から声をかけられたのでした。「ぼくは門間先生の心臓手術のおかげで今があるのです」ということで、びっくりでした。

　さらに、高等部の生徒たちに驚かされたことが二度ありました。一つは講習会（清里）で取り上げられた『さくら』を、彼女たちは大変気に入り、自分たちのレパートリーにしたいと考えたようですが、楽譜が出版されていないという説明を受けると、メンバーたちで手分けして一段ずつ楽譜を書き写して楽譜を作ってしまいました。もう一つは、『戦場のメリークリスマス』がこんなに世に出る以前の話ですが、「この曲をやりたい」と手書きの楽譜を持ってきた生徒がいたのです。その曲をよ

129

く見ると、楽曲的に整っていたので、多少の音の変更を加えて練習をし、「熊の湯」（志賀高原）で開催された講習会の中で開かれたコンサートで演奏をしました。するとハワイ大学からいらしていた先生が絶賛してくださり、生徒と共に大喜びをしたことがありました。そのうち、高等部と中等部両方は時間的に難しくなり、中等部のみに絞りました。

●斉藤美佐子先生

斉藤先生は青山学院中等部の専任の音楽教員でした。行事の度ごとに、私たちのような単なるコーチに対しても、中等部の部長先生にお願いして食事やノエルのケーキ（切り株の形をしたクリスマスケーキ）を用意してくださいました。例年行なわれている山形のキャンプにも誘ってくださったりと、いろいろ心配りをしてくださいました。

クリスマスの4週間前には「点火祭」（てんかさい）というオール青山学院全体の儀式があるのですが、その時は初等部のかわいい子供たちから大学生まで一斉にハンドベルを鳴らすので、見事なものでした。そして表参道に続く国道246号側にある正門から入った正面にある「ドイツトウヒ」に電気がつき、主の降誕を待ち望む心の準備が始まるのでした。

その後、中等部は劇の練習が始まりました。台本があり、毎年それにそって練習が進められるのですが、その季節も宮城学院の頃の生活を思い起こすものでした。音楽療法の仕事の時と違って、この時ばかりは昔のように少しきれいなワンピースを着て学校に向かいました。練習が終わって表参道、原宿を歩いて原宿駅に向かうのはちょっとした息抜きタイムでした。

●伊藤朗（あきら）先生

伊藤先生は初等部の部長を務めておられ、またハンドベル連盟の理事長をなさっていました。ある時、私を部長室に呼んで「音楽療法とは何をするのか」と、いろいろ話を聞いてくださいました。当時は「マイ・ウェイ」を皆さんと歌っていた頃なので、「死」に関してまで触れる活動

にとても関心を寄せてくださったと記憶しています。

●深町正信先生

　深町先生は青山学院宗教部長・宗教主事で、各種宗教活動を企画・推進する宗教センターであるウエスレー・ホール責任者でした。青山学院の宗教行事にハンドベルをうまく取り入れてくださいました。私は学外者であるにもかかわらず、宗教行事の大事な会議には出席させていただき、意見を求めてくださることもありました。この楽しい活動も「岐阜行き」の話が出てきた頃には終結としました。

　この頃、青山学院からいただいた「Wesley Hall News」（1986年 第8号）に、青山学院の教育方針と題して、「キリスト教信仰にもとづく教育を目指し、神の前に真実に生き、真理を謙虚に追究し、愛と奉仕の精神を持ってすべての人と社会に対する責任を進んで果たす人間の形成を目的とする」（杉山恭）と書かれていました。また、「教育の原点を考える」と題した小玉晃一先生の文章の中には、「人と人との関係を作るのが教育の場であり、本学院における宗教活動の目的もそこにある」と書かれていました。青山学院に教えに行っている頃は、このようなことばかりを頭においていたわけではありませんでしたが、時間が経ってみると、これらの言葉の重みを感じるのでした。

模索する中で出会ったデーケン先生

●アルフォンス・デーケン先生

　デーケン先生とは朝日新聞のカルチャーセンターの講座「死と向き合っている人への音楽療法」（1987年5月26日）で出会いました。デーケン先生に関心を持ち、その後テレビ番組も含めて「生と死」に関する学習に続いて行きました。以下はその時の講演をメモしていたものをまとめたものです。

　「生命の質」（QOL）を高めるために、音楽療法が行なわれている。ニューヨークにあるホスピスでは、入院するとまず、音楽療法士がやっ

てきて、下記のようなことを聞かれる。

1. 音楽に関心があるかどうか。
2. 好きな曲は。
3. 好きな曲を聴き、対話の企画をする。
4. 美しい思い出と音楽が結びついていること、幸福な時のことを話してもらう。
5. 楽器を学びたいか？を聞き、やりたいひとには取り組めるようにする。

そして、音楽療法が目指すことは、

1. 苦痛から注意をそらし、疼痛を緩和。
2. 緊張、ストレス、恐怖をやわらげる。
3. 楽しい思い出をよみがえらせ、暖かな灯をともす。
4. 過去の持ち越した問題を解決する手がかりを与えてくれる（人は不調和なままで死を迎えられない）。
5. 対話とコミュニケーションの企画。
6. 精神的調和を取り戻す助けとなる。
7. 永遠の希望を与えてくれる。
8. 遺族の喪失の哀しみをいやす。

上記の話を聞いた後、「これはまるで音楽療法だ」と一人で興奮して、デーケン先生に会いに行ってしまいました。そして、先生から上智大学で「生と死を考える会」を定期的にしていることを伺いました。

この会に初めて参加したのは、村井先生が都合で参加できなかった時に、その代わりを私ができるはずもないのに講師を担当することになり、ずうずうしくも会場に行きました。デーケン先生以外は誰も知らない会合でした。それは大人の会合で、時々デーケン先生が助け舟を出してくださるものの、私のような若輩者が講師を務めるような場ではありませんでした。そして、松倉得次さん（近代教育センター所長）から「あなたはまだ若い、“死”ということに向き合うことは少ないだろう」

と、私の話の薄っぺらさをすぐ感じられて、批判というより、「これからが勉強ですね」というエールをいただいてこの会を失礼したのですが、自分の無力感を痛感した会でした。その後は参加者として、時々参加させていただきましたが、30歳代後半の私には、よく見えていない部分がたくさんありました。しかし、この後は私の音楽療法の高齢者領域には「死に対する不安」の項目が付け加えられていくようになり、高齢期の捉え方をより深く、広く考えるきっかけになりました。

【1993年3月8日開催の「生と死を考える会」──中高年グループ──】

〈講師：デーケン先生の話から〉

・年をとると、若い時と時間の体験（感じ方）が変わってくる。
・量的時間と質的時間。生きる時間が短く、死が近づいてきたとき、新しい時間の使い方を考える必要がある。
・人間の潜在能力の可能性や心の豊かさ、ユーモアのセンスの開発、老いへもチャレンジを。
・孤独に置かれると柔軟性を失う。
・人が最後に望むことはそばにいてほしい人間的暖かさが求められる。

〈講義後の参加者の感想〉

・役に立たなくなると、ひとが寄らなくなり、とても孤独を感じる。それに比べれば今までの病気など、何でもない。
・人生の目的や夢がつかめると、心理年齢が変わる。
・どうしたら孤独感から避けられるか？　自分をわがままに見ている人や、自分のために生きている人は孤独になると思う。
・若い時から、自分を育てていく必要を感じた。
・常に何かに挑戦をしていると、年を取った気がしない。
・臨死体験をしてから、ものの見方が変わった。
・自分が必要とされなくなる不安。
・仕事がなくなると、自分の役割がなくなり、社会との断絶も感じる。

・離婚後、泣いてばかりいて暮らしていてうつ病やアル中にも陥ったが、自分の資格を生かしてホスピスで仕事をしだしてから、ものの見方がかわった。

―― など、私なりにまとめたメモには、孤独、役割の喪失、死への不安、気分の落ち込み（うつ）、自分の整理、生きがい、充実した時の過ごし方、若い頃からの連続線で生きるなどが書かれていました。

●松原秀樹先生

松原先生を中心に「臨床音楽療法協会」第3回大会（1998年10月）が広島のエリザベト音楽大学で開催されました。当時の松原先生は、小さな大学の教室に参加者が入るかどうかが主な心配でした。事前申し込みは、障害児領域254名、精神医学302名、高齢者245名と記されていました。

●ブランリー先生

ブランリー先生はルーテル神学大の教授で、ある相談電話での私のスーパーバイザーでした。1時間にわたる電話を切った後で、私の労をねぎらい、話を聞く要点と電話を切るタイミングなどを教えてくださいました。その後、ある家庭で開かれたパーティーでは、先生のユーモアにあふれた話題提供には本当に驚いてしまいました。

(2) 第二段階：臨床―至誠老人ホームを辞めてから

第一段階の実践は「至誠老人ホーム」でした。第二段階は東京都の外れに位置する青梅市の特別養護老人ホーム「リバーパレス青梅」「喜久松苑」と精神科領域でした。至誠老人ホームを辞めてからは、音楽療法分野に限定することなく、竹内先生に薦められるままに理学療法などの雑誌にも投稿するようになりました。音楽療法界以外の人（言語療法士、作業療法士、理学療法士、保健所の職員、介護職など）にも音楽療法の話をするようになりました

①「リバーパレス青梅」「喜久松苑」での実践

お茶の水の「山の上ホテル」で、至誠老人ホームを辞めたいと竹内先生に話した後、先生は老人の新しい処遇を模索している施設の仕事を紹介してくださいました。立川よりさらに奥地である青梅でしたが、生活が成り立つくらいの賃金がいただけるということで、東青梅と奥多摩までがんばって通いました。

リバーパレス青梅で活動を再開

当時、世間的にはあまり知られていない音楽療法を先駆的に取り入れてくれた青梅の二つの特別養護老人ホームは、竹内先生の「オムツはずし」の考え方に賛同していた施設でした。介護保険以前の時代なので、職員は「寮母さん」と呼ばれ、現在とはいろいろな面で異なっていました。

●野崎武さん

野崎さんは「リバーパレス青梅」の施設長で、あまり細かいことを言う方ではありませんでした。「門間さんがやりたがっていることはできるだけ手伝うように」と言う施設長の指令のもと、職員が協力的でした。一定期間、私の生活基盤と現場を提供していただき、至誠老人ホームと違った実践を展開することができました。東京都の監査があった時、「このような仕事はあまり聞かないので見せてほしい」と見学を希望されたこともありました。この施設はJRの東青梅から歩いて30分ぐらいの所にありました。

●山田修司さん

この施設で一番お世話になったのが、事務局の山田修司さんでした。口数は少ないのですが、施設長の指示のもとに、資金的にも行動的にも細やかに助けていただいた人の一人です。いま思えば、とんでもないことだったのですが、私がやりたいと言い出した活動を具体的に支援して

くださいました。人数分の「ミュージックベル」を購入してくださったり、あるとき「施設内で音楽を聴くのもよいけど、喫茶店でコーヒーを飲みながら音楽を聞けたらもっといいわね」と言うと、男性職員が何人かで、車で「ブラームス」という東青梅駅近くの喫茶店まで希望のお年寄りを運んでくださったのです。山田さんやそれを手伝ってくださった男性職員さんには感謝しかありません。そして、その企画に参加してくださった利用者はホームにいらっしゃる時とまるで異なる行動にも驚かされました。たぶん、入所前はそのような生活をなさっていたのだろうと思われる言動がありました。当時はお店も快く引き受けてくれていました。

　練馬から約2時間の青梅や、2時間半の奥多摩には、我ながらよく通ったと思います。お金のこともあったのですが、いま思い返すとお年寄りからの励ましが大きかったと思います。「あんたは東京音楽学校出たのか？」と幾度も聞かれました。初めの頃は「東京音楽大学ね」と言っていましたが、皆さんが言っていた東京音楽学校とは「東京芸術大学」のことで、私が聴講生で通ったのは東京音楽大学、この違いはなかなかわかってもらえませんでした。

●山上陽美（やまがみはるみ）さん

　そこに伴奏者として山上陽美さんが現れて、彼女が「わたしは東京芸術大学卒業、昔は上野の音楽学校と言っていたところ」という説明をしてからやっとわかったようでした。山上さんは卓越したピアノ奏者で、この青梅時代から岐阜時代まで助けられた武蔵野市の音楽療法士。床に置かれたキーボードを弾くことなんともかまわず、そして、利用者の声に合わせて、どんどん移調して皆さんが歌いやすい音程で伴奏を弾いてくれました。

　利用者の中に上野の音楽学校を出た人がいたのですが、私たちが活動を続けているうち、「上野の音楽学校」を出た彼女に対する皆さんの見方が変化していきました。その彼女の持ち物であったグランドピアノが

食堂に置かれていたので、歌の伴奏はそのピアノを使いました。

　ある男性の利用者が「讃美歌を歌う会」をとても気に入ってくれて、ご自分で看板のような書を書いてくださったり、机や椅子を並べてくださったりと、大活躍でした。ご本人いわく、「自分は浮浪者だった。福祉の人にここに連れてこられた。だからここは天国のようだ」と話してくれたことがありました。しかし、当時の私は「ADL（日常生活動作）ってどういう意味ですか？」と若い職員に聞かれても答えられないように、知識的にはアンバランスな状態でした。

印象に残っている入所者

●藤縄さん

　「藤縄さんからはほとんど声を聞いたことがない」、「この人は何もわからない人です」という職員からの情報でした。ところが「わたし、宮城女学校を出たの」と、やっと聞こえるような声で言ってきたのです。たぶん、時々讃美歌をうたう私をみて何か思い出したのかも知れません。さっそく家に帰って同窓会の名簿を見ると、お名前が載っていました。その後は挨拶すると、わずかな笑顔を見せてくださいました。

●今井さん

　今井さんは青山学院の中等部で国語の先生をなさっていた方でした。通常は個人情報のこともあるので、このような記載はしませんが、当時、私も青山学院の中等部にハンドベルを教えに行っていたので、同じ国語の先生に連絡とってもよいかと伺うと、とても喜ばれました。その後、その国語の先生と卒業生が訪ねて来てくださいました。そのような関係もあり、今井さんが亡くなられた時は、ご遺族にホームでの生活のビデオをお見せすることができました。最近になって、先生に教わったという教え子が、私の身近にいらっしゃいました。その人から、「今井先生は讃美歌を数曲書かれている」ことを伺いました。

近隣の中学生の訪問

　はじめに入所者の個人的なことを書いてしまいましたが、この施設には近所の青梅中学校の訪問が年に1回ありました。はじめは、私もどうしたらよいかわからなかったこともあり、学校側がやるままにしていました。ある年、たぶんお年寄りは喜ぶだろうと思う歌を伝えると、そのような曲を練習してくるようになりました。また、手を触れる動作を意図的に入れてみると、入所者も中学生も表情が緩み、この行事は大事なひと時になっていきました。

午後は喜久松苑へ

　午前中で「リバーパレス」の仕事が終わると食事を済ませて、同じ青梅市内でもさらに奥多摩に近い約5キロ離れた「喜久松苑」まで、車で送っていただいていました。同じ兄弟の経営とはいえ、リバーパレスと雰囲気はまったく違っていました。職員はほとんどが地元の方々で、お年寄りをより自分の身内のように介護している施設でした。ここでは理学療法士の方と親しくなったことで、協動で体操を考えたりもしました。いま思えば、エアロビクスの音楽に、それなりの目的を持った動きを考えたのでしたが、初めて試してみたとき、終わったとたんの皆さんのため息の音が忘れられません。自分がこうして75歳になってみると、なんとむごく激しい動きを皆さんに強要したことか、あれは職員向けのような体操でした。

喜久松苑の日常

　喜久松苑のそばを多摩川が流れ、景色のよい場所でした。台風の翌日は男性職員がいなくなるのです。そして、しばらくすると「捕れた、捕れた！」と大騒ぎをしていました。大水の前は魚が川の岸辺に避難するそうで、そこに網を仕掛けておくと大きなウナギが捕れたりするようでした。このような話は私の母の兄さんたちが同じようなことを言ってい

たので、状況がよくわかりました。

　そのウナギを使うのではありませんが、月に1回ウナギとお寿司の日があり、庭でウナギを焼く日は皆さんがその匂いにつられて、お昼を楽しみにしていました。夏祭りは庭にやぐらが組まれ、時には演歌歌手が招かれ、地域の人々も家族づれで参加していて、それはにぎやかな行事でした。私が抱いていた施設のイメージとはだいぶ異なる日常でした。

入所者は都区内の人?

　この施設で不思議に思ったのは、皆さんがやけに渋谷、原宿の話に興味を持つのです。当時、私は青山学院にも行っていたので、何気なく原宿の話をすると、「あのアパートはどうなっているのだろう」と聞かれたり、むかし私が住んでいた蒲田や大森の話をすると、「自分はそのへんで海苔を採っていた」と言うのです。この施設の入所者のほとんどは青梅の人ではなく、渋谷区や大田区、板橋区からこの青梅の地に送られた人ということを知りました。

秋のある日

　秋のある日、松茸の話題になりました。あの香りをどうにかして皆様にお届けできないかと思い、伊勢丹の食品売り場に行ってみたら、木の箱に入った松茸は1本2万円でした。そこでふと思いついたのが、永谷園の「松茸の味お吸いもの」でした。人工ですが、しっかりした香りがつけられたこのお吸い物を紙コップで皆さんの分を用意し、「秋の香りを」と私が言ったら、ふだん滅多にこの活動に加わらないFさんが大笑いをして「それはないでしょう」、「あんた本当に松茸を知らないんだね」と言われてしまいました。まだ仙台にいた頃、母が「松茸ぐらい知らないとね」と言って、土瓶蒸しほか松茸づくしの料理をつくってくれたのを思い出してしまいました。

　地域との交流も盛んで、PTAの講演会に呼ばれて話をしたこともあ

りました。それは事務長の鯉沼佐吉さんが、地域のおじ様方の会に参加したり、寮母長の中野敬子さんが中学校のお母さんの会に私を紹介してくださったりと、日頃の皆様の活動の延長上にあったと思われます。

印象に残っている職員

●志水守さん

志水さんは喜久松苑の施設長で、私の自由な活動を財政とともにバックアップしてくださり、竹内先生のいろいろな試案を実施しながら、先生の研究に協力していました。

●中野正治さん

中野さんは私が「年寄りを大事にする」ことに共鳴し、活動を全面的に支援してくださいました。老人からの信望も厚く、施設のあらゆる部分に目を向けていた「おとうさん」のような存在でした。

●鯉沼佐吉さん

鯉沼さんは喜久松苑の事務長で、青梅地域と私をつなぐ役目をしてくださいました。ある日、川原で遊んでいた近所の子供が川に流されたのです。竹ざおで引き上げられた子供はぐったりして、顔色は土色でした。鯉沼さんはすぐ顔を横に向けて、水を吐かせたのです。すると呼吸が復活し、顔色も戻ってきた頃に救急車が到着。私たちは何をしていいかわからず、ただただ手足のマッサージしかできませんでした。この時の職員の連携がとれた行動にはびっくりでした。

仙台の友人が訪ねてくる

仙台宗教合唱団時代の友人で、内科医であった富岡洋さんはお年寄りを嫌っていました。「年寄りを汚いと思わないの？」と、私に投げかけて、仙台からわざわざ青梅まで、見学に来て、活動に参加してくれました。お年寄りはいつものように、ニコニコしてその人の手を握ってくれていました。たった1回のセッションへの参加でしたが、喜久松苑のお

年寄りの温かい眼差しや手の温かさに彼の心がほぐれたようでした。その後、彼は医局からの指示に従い仙台市立病院から鹿島台という農村の大きな公立病院の責任者として赴任し、張り切って働いていましたが、その次の赴任地で脳溢血を起こし、若くして亡くなってしまいました。

「エビデンス」という言葉

　施設長の研修会で私が日頃の活動を発表した時、竹内先生から「きみの活動は楽しい部分もあるが、療法としての骨組みができていないから、人を説得・納得する活動にはなっていない」とアドバイスをいただいたのです。当時の私はその言われている意味がよくわかりませんでした。それは今でいう「エビデンスに基づく治療行為」ということでした。竹内先生は、後に介護保険の仕組みづくりを行なった中心人物の一人で、「根拠を持った介護」ということを提唱していた先生であることを知りました。

② 調布市総合福祉センター

調布市の福祉センターから仕事の依頼

　あるとき、調布市の福祉センターから「青梅のリバーパレスの活動を見学させてほしい」と連絡が入りました。しかも、ビデオを取らしてほしい、それを職員と見ながら音楽活動の導入を考えたい、という申し入れでした。なんか、とても緊張した場面でした。そのような経緯があったものの、導入が決まってからは、刺激の多い職場でした。

　調布市福祉センターの所長さんは女性でした。伴奏者とのトラブルなどがあった時、私と伴奏者の関係だけでなく、この活動全体がうまくいくにはどうしたらよいかという視点でこの問題に目を向けさせてくださり、それまでの自分にはない視野と考え方を教わりました。この所長さんは、女性ならではの細やかな気配りをしながらも全体を俯瞰（ふかん）して、私たちの活動を見守ってくださいました。

●上杉節子さん

上杉さんは調布市福祉センターの看護師で、利用者の身体的状況から精神的に抱えていることまで、ていねいに教えてくれました。

●山谷琇子さん

山谷さんは調布市福祉センターの寮母で、老人の見方が画一的でなく、いろいろな方向や考え方を教えられた人でした。

●宮田浩子さんや金子さん

宮田さんや金子さんは、いつもニコニコしていた考え方が明るく、前向きな寮母さんでした。

●今井幸子さん

今井さんは絵手紙などの趣味を持ち、物事を冷静に見て人と対応する方でした。

──ここの職員は、変に寮母慣れしていなくて、しかもお年寄りに対する対応はとても優しく、利用者との対応が見事で、学ぶことの多かった職場でした。

シルバー・エアロビクスとの出会い

●倉井陽子先生

倉井先生とは立川の朝日カルチャー講座で知り合いました。その後、調布市の職員と先生のスタジオまで「エアロビクス」を習いに行きました。エアロビクスを調布市の健康教室で取り入れた時には、講師を引き受けてくださいました。先生は、エアロビクスを若い人だけでなく、年配者が安心して行なえるように工夫をされていた方で、その活動のために定期的に大島に行ったり、高齢者を引き連れてパリにパフォーマンスをしに行ったりと、活動的な方でした。

調布で印象に残った研修生

●小塚恵子さん

小塚さんは援助修道会から「研修」に来たシスターでした。児童領域を希望していたので私のもとで一緒に活動はできなかったのですが、人間に対する考え方に私と共通な部分（宗教的）があり、彼女が音楽療法の世界から離れていったことを私はとても残念に思っていました。さらに残念なのは、60歳代で病気で亡くなられてしまいました。

児童領域の音楽療法

　この頃、調布市は児童領域に音楽療法事業を取り入れて10年になっていました。その記念の一環として「報告書」が作成され、遠山文吉先生の特別講演会が催されました。この事業は正確に言うと、障害児領域が中心で、中山晶世さん、吉村奈保子さんらが中心でした。1992年7月発行の記念冊子には、「音楽療法とは音楽教育とは根本的に異なる側面を持っています」、また「音楽活動を体験することから、対象児の身体的、情緒的、知的発達を促し、さらに社会性の発達へと結びつけていくことを目的として音楽療法を行なっています」と記されていました。

　また保護者からの寄稿文集には、ある母親が「健常児は大人の期待するような形ではなかなか成果を見せてくれませんが、あらゆることに敏感な彼らは、私たちの感性や理解を超えたところで感じ、表現しているものと信じています。（中略）このような本物の音が与える影響は本当に大きなものがあると思います。願わくは彼ら障害児・者に対し生涯教育的方向を取っていただけたら……と思うのは欲張りな思いでしょうか」とありました。

高齢者の音楽療法

　児童に効果的なら、高齢者のデイサービスにも音楽を取り入れたいということで、高齢者領域にも導入が検討され、私たちが高齢者を担当することになりました。高齢者にかかわり始めてしばらくしてから、「脳性麻痺」の青年のグループ（13歳から20歳）の活動の依頼を受けまし

た。皆さん大きな車椅子に横たわった状態でした。私は脳性麻痺の人に接したのは初めての経験で、何をやったらよいかわからず、ある日とうとう私が泣き出してしまいました。すると、メンバーの皆さんから「毎回、いろいろなことを考えてやってくれる先生を、ぼくたちは興味深く、そして楽しみに待っているんだよ」と言われ、びっくりしてしまいました。私が皆さんから支えられていたのです。細かな活動は忘れてしまいましたが、たとえばチェロを持っていき、皆さんに楽器に触れてもらうと、その振動が自分の身体に感じられておもしろかったそうです。

　60歳代後半になってから始めた水泳教室では、毎週木曜日の午後に肢体不自由者の水泳が行なわれています。それを見ていたら、ボランティアの人はそっと身体を支えているだけ、基本的には私たち初級のクラスと変わらない指導をしているのを見て、調布の青年たちのグループを思い出してしまいました。当時、私は「何か特別なことをしなくては」と気負いすぎていたことに、気づきました。

　また、河口湖のセミナーの夜の談話の中では、先輩の音楽療法の人から、音楽のことより、一人の思春期の青年が抱える性の問題や悩みがどのようなものかという話題がよく出ていましたから、当時は皆さんも関心を持ちながらも、どうしてよいかわからない領域でもあったようです。私見ですが、彼らにはいろいろ話せる「年齢の近い仲間」が必要なのではないかと思いました。

　この領域に取り組む人はまだまだ少ない時代でしたが、私が若い人の音楽についていけないこともあり、2～3年で辞めてしまいました。しかし、後になって、寝たきりの高齢者に接していくうえで大事な経験であったと思い返されました。

③ 精神科領域の実践

　「回生堂病院」（山梨県・都留市）、「東京女子医大」（東京・新宿区）、「長谷川病院」（三鷹・世田谷）などで活動を行ないました。

東邦大学医学部精神科

●柴田先生

　柴田先生は当時、東邦大学医学部精神科学科長で、勉強会に誘ってくださったり、病棟内の音楽活動を肯定的に支持してくださいました。

東京女子医科大学精神科

●田村先生

　田村先生は東京女子医科大学の精神科科長で、患者さんが歌う姿に涙を流して感動してくださっていました。たしか、この時は病棟内のクリスマスで、患者さん皆さんで「第九」の合唱の部分をドイツ語で歌った時でした。

回生堂病院

　山梨県都留市赤坂にある「回生堂病院」は、当時、新宿から電車で2〜3時間かかりました。精神科領域は、見学はたくさんしたものの、私にとっては実践経験の少ない、苦手な部分でもあり、治療的側面を明確に言うことはできませんでした。しかし、人がどのような状態であろうと、音楽を聴くことを求めたり、声を出したり、人の作った歌に自分の気持ちをのせて感情を発散させたりすることを求め続けることは、私たちの日常と同様でした。「病院」という限られた環境の場で、やれる範囲の音楽環境をつくり続ける。そして外部からやってきた社会生活を営んでいる人と「大人の会話」を楽しむ。時には私をからかうような会話を皆さんが楽しんでいたような時もありました。

●渡辺先生

　回生堂病院の常勤の医師だった渡辺先生は巨大な体格で、患者さんの暴力から私たちを守ってくれていました。後でわかったことですが、暴力は薬物中毒や暴力団関係の人からだったそうです。

●井原剛先生

　井原先生は回生堂病院の非常勤医師で、患者さんと共に音楽活動に参加、私に職場を多く紹介してくださいました。

〈外からやって来る私にやれたこと〉

　精神科領域に関しての詳細な活動は省きますが、初めて一人で活動を始めた回生堂病院では、本来は精神病院にいるべきではない知的障害のある青年が私を玄関まで出迎えてくれるようになりました。それは病院まで3時間近くかかる私への大きな励ましでした。またある日、飼い始めたばかりの子犬を家に置いておけず、病院まで連れて行きました。するといつもは私に寄ってこないような患者さんが、犬をなでにやって来ました。看護師さんも、いつもは見られないような患者さんの様子に驚いていました。このような私の行動を容認してくれたのが、回生堂病院の職員の皆様でした。

　この病院で音楽療法をやらせてほしい旨を院長に申し出た時、功刀潔（くぬぎ・きよし）院長は「この病院で長く続けてくれるなら、どうぞ好きなようにやってください」と言ってくださいました。

　初めの頃、功刀院長から私が任された患者さんは、不登校の女子大学生と、統合失調症でガンが見つかり余命が限られた30歳代の男性でしたが、二人とも月2回の音楽療法の時間を楽しみに待っていてくれました。私のほうはその逆で、毎回この人と何をしたらよいか悩んでいました。院長からのアドバイスは、「大学生とは友だちのような話し相手になってほしい」ということでした。不登校の彼女とは家族との生活や友人のことを話しました。彼女の家はいまだに家族みんなで「川の字」になって寝ているとのこと。私が驚くと、「そうですね部屋はあるのに」……。その後、自分の部屋を作ってもらったそうです。そして、「大学が忙しくなり、病院に来る時間がなくなりました」ということで、会えなくなりました。

　もう一人の男性は「何か楽器を習うような付き合い方はどうだろう」

と院長からの提案でした。本人に聞いてみると、「ギターを習いたい」と言ってきたのです。そこで彼に病院にあったギターを渡すと、私が習いたいくらい上手に音を出していました。次回は私がチェロを持ってくるので、彼のギターと何か合奏しましょうということにしたのですが、そのチェロをみた彼は「この楽器を弾いてみたい」ということになり、しばらくチェロのレッスンが続きました。初めて音が出た時は「気持ちがいい」と言っていました。結果的には、彼のガンの進行が早く、県内のほかの病院に転院してしまいました。

長谷川病院

●長谷川美津子先生

　長谷川美津子先生は三鷹にある「長谷川病院」の院長で、病院長であったご主人を突然亡くされた直後に、私はこの病院で仕事をすることになりました。美津子先生はご主人を亡くしたことで、とても落胆なさっていたと同時に、ご自分の母親の介護にも心を痛めていました。そしてご自分の母に対するようなケアを入院患者さんにもして欲しいと、特別老人病棟をつくられました。その病棟での音楽の活動を私に求めてきたのでした。

　そこでは手厚い看護と介護が職員に求められ、そこでの音楽療法を実践することになりました。私には特別なことは何もできなかったのですが、その病棟は元大学教授だった方や外科医、神父様、俳優など、錚々（そうそう）たる人々が入院していました。そこでは人が持っている「プライド」ということが大きな課題になっていました。N・Mさんは息子さんの名前が私の恋人と同じだったので、その名前を歌いながら二人でよく病院内を徘徊しました。歌手の息子さんの歌は難しいのですが、彼女はよく歌っていました。

精神科病棟の患者さんに感じたこと

　これらの精神を病む人が入院している病院での関わりを振り返ると、私は学会誌に載せられるような活動は何もできませんでしたが、皆さんの生活の一部になんらかの変化や、外の空気を持ち込んでいたのではないかと思うのです。2022 ～ 2023年頃に患者さんへの暴行で問題になった東京都・八王子市の「滝山病院」の様子を見ていると、外の風を入れる人がいたら院内の人々の心になんらかの変化が起こり、職員にも相手（患者さん）が人であることを思い起こすきっかけになったのではないかと思いました。

④ 自分たちの協会を設立

　音楽療法の実践をしている人たちと定期的に自分たちのための勉強会を始めました。この会が発展して「東京音楽療法協会」が設立されました。この協会に関しての詳しい内容は加藤美知子さんがまとめた20年史や30年史があるので、そちらを参考にしていただくことにして、ここではこの会で出会った関わりの大きい人を記します。

東京音楽療法協会の設立

　東京武蔵野病院などで実践していた仲間を中心に、自分たちの勉強会の場が必要という要望が出てきました。そこで村井先生を中心に、一つのグループが生まれました。事務所の場所は恵比寿に始まり、大塚、池之端と移動していきました。当時の「協会だより」を読み返してみると、

　・協会の性質（会の特質・方向性）
　・東京音楽療法協会（TAMT）の魅力は何か？
　・この会が今後検討しなければならないと思われる点
　などを、初期のこの頃は仲間たちと模索していました。
　協会パンフレットから一部を抜書きすると、「当協会は、職業として

の音楽療法の確立を目指して、1987年12月に東京周辺の音楽療法の実践家たちによって設立されました。20人足らずで発足した会も、現在では正会員、ニュース会員、賛助会員合わせて650名以上。1997年3月全日本音楽療法連盟により当協会の会員65名が音楽療法士として認定されました」。

　協会の活動目的は音楽療法の普及、啓発、研究活動とし、事業として定例会、研究会、講習会、ニュースレター、会員名簿、協会だより、文献リストとそのコピーなど。定例会は正会員・ニュース会員の集まりで、情報交換とともに、互いの研鑽の場となっています。名称は「東京」となっていますが、全国組織としての役割を担っています。講習会は都内のいろいろな場所で開催されました。

文献リストの作成

　この協会の仕事の一つとして、「音楽療法関係文献リスト」(1993年4月) を作成しました。このリストは楽療法を実践している人の研鑽のために使用することを目的にし、約900件あり、これをもとに文献などのコピーサービスもしていました。ちなみに、私がこの事業の担当でした。村井先生にはとても不十分な内容と言われてしまいましたが、パソコンもなく、文献そのものもあまりない時代でしたので、これで精いっぱいの冊子でした。

音楽療法の会をまとめて一つとする

　1994年1月29日に行なわれた第1回の世話人会は全国の43名に呼びかけ、30人が出席しました。その趣旨は、音楽療法について、同じ考えを持つ人の全国組織をつくり、広くまた長期的な視点にたって、音楽療法の望ましい姿を実現する仕事の一端を担う、というものでした。「発起人」は、桜林仁、松井紀和、村井靖児、山松質文先生で、「世話人」は、赤星多賀子、新井幹、生野里花、大内ひろこ、久保田牧子、栗林文

雄、古賀幹敏、阪上正巳、塩谷百合子、宍戸ゆかり、志水哲雄、鈴木千恵子、中川禎子、林庸二、藤本禮子、堀越清、松原秀樹、丸山忠璋、宮下弘子、門間陽子、山崎郁子、和田秀文氏などでした。

　世話人会では、名称の案を「全日本音楽療法協会」とし、プロジェクトチームでは会の性質、名称、会則などを準備しました。これは後に臨床家を中心としていたので「臨床音楽療法協会」という名称にして、代表は松井先生が担いました。

「日本音楽療法学会」の設立

　当時、音楽療法の大きな団体は日野原先生を中心にした「日本バイオミュージック学会」と、松井紀和先生を中心にした「臨床音楽療法協会」がありました。1995年、上記2団体が合同して「全日本音楽療法連盟」が設立されました（初代会長：日野原重明）。その後、2001年4月、日本バイオミュージック学会、臨床音楽療法協会、およびその合同組織としての全日本音楽療法連盟はすべて発展的に解消され、会員は日本音楽療法学会に合流し、「日本音楽療法学会」が設立されました。

⑤ 当時の音楽療法関係の団体・情報誌

　音楽療法関係の団体：関係大学・団体（代表者敬称略）
・日本音楽心理学音楽療法懇話会（桜林仁）
・東京音楽大学（応用音楽コース：村井靖児、泉山中三、横溝、田村）
・武蔵野市障害者福祉センター（音楽療法は久保田牧子）
・東京音楽療法協会（会長：村井靖児）
・新日本音楽療法研究所（丸山忠璋・林庸二などが主な中心）
・日本臨床心理研究所　（所長：松井紀和）
・エリザベト音楽大学夏季講習会（松原秀樹企画、外部講師・栗林文雄ほか）
・バイオミュージック学会と年次大会（会長：日野原重明、篠田知璋）

それぞれの団体が出している機関紙なども、いま読んでみると、なかなかおもしろいものでした。

音楽療法関係団体の情報誌
・日本音楽心理学音楽療法懇話会誌：「音楽療法年報」（年1回）
・東京音楽療法協会：「音楽療法ニュース」（年2回→年1回）
・新日本音楽療法研究会：「ムジコテピア」（季刊誌）・「音楽療法の会」機関紙
・日本臨床心理研究所：「音楽療法」JMT（年1回発行、1991年4月創刊）

当時刊行されていた音楽療法関係雑誌（発行者敬称略）
・芸術療法学会誌：1969年（徳田良仁）
・音楽療法研究年報：1972年（桜林仁）
・音楽心理学年報：1982年（桜林仁）
・音楽療法JMT：1991年（松井紀和）
・日本バイオミュージック研究会誌：1987年（日野原重明）
・ミュージックセラピィー研究会年報：1986年（山松質文）

6 音楽療法の研修会・講習会を引き受ける

1990年から、東京音楽療法協会（TAMT）主催の講習会が毎年行なわれるようになり、2004年には15回を迎えていました。会場は三省堂新宿ビルなどでした。この講習会を担当する経験は、自分の活動をまとめること、活動の目的を焦点化することに役立ちました。山崎郁子さんや加藤美知子さんなどと幾度も講習の内容に関する会議を重ねました。

東京音楽療法協会主催の研修会

東京音楽療法協会（TAMT）主催の研修会を開催しました。当時の

レジメを見ると、未熟ではありましたが、誠意をもっていろいろ考えていました。1990年6月3日開催の高齢者の講習では、三木さんと一緒に作成したレジメには、私たちが実施場面で大事にしていることとして、

- ・相手に脅威を与えない
- ・恥をかかせたり、恥ずかしい思いをさせない
- ・いやなことは「いや」と言える雰囲気を作る
- ・セラピストの態度はできるだけ、常に一定にする
- ・スタッフは老人の大きなバックとなって、支えていく

などが書かれていました。

●石川清世さん

石川さんは当時、特別養護老人ホーム「サンメール尚和」（東京都保谷市）で非常勤の音楽療法士として勤務していました。1992年の講習会で、「現場での失敗をいかに切り抜けたか」というテーマを掲げ、「すべての周囲の状況が成功のカギをにぎる。常に学び続ける工夫を」と、受講生に話していました。

●竹本吉夫先生

高齢者の場合は「死」の問題は避けて通れない。その話題で私が言葉を詰まらせてしまったら、「秋田赤十字病院」院長の竹本吉夫先生が「このような仕事をしているような皆さんの楽しみな時間の過ごし方を教えてください」と助け舟を出してくださいました。私は答えたかどうかは忘れましたが、周りの人が答えていました。先生は亡くなられました（2002年）が、娘さん（松田美穂さん）が新潟で高齢者の施設を開かれているそうです。

●牧野英一郎先生

牧野先生はこの講習会の参加者のお一人で、「武蔵野中央病院」院長でした。当時はお母様がその病院の理事長だったので、いろいろ苦労しているようでした。初めに会った頃は、院長であった母親との関係で悩みがあったようで、かなり元気を失くしていました。村井先生と同様、

慶応の医学部を卒業したあと東京藝術大学の楽理科で学ばれ、バイオリンを片手に病棟内を“流し”のように鳴らしていた先生でした。

そのほかの研修会

　東京音楽療法協会（TAMT）主催のセミナーや河口湖セミナーでは、つたない実践でしたが、請われるままに実践をまとめて他人に話すことを繰り返していました。音楽療法界以外の人の研修会も引き受けました（言語療法、作業療法、理学療法、保健所の職員、介護職など）。

　「パイオニア」（財団法人 音楽鑑賞教育振興会生涯学習係）平成5年1月から3月
　・担当：村井靖児（概論）、石川清世、門間陽子（理論・実技編）
　・受講料：4回で10000円、場所は目黒のパイオニア社内
　・アシスタント：平田紀子、飯村育代、阿部愛
　「日本リハビリ研修センター」主催の音楽療法トレーナーの資格認定
　・松井紀和先生のもとに、山崎郁子、鈴木千恵子、門間が担当。通信講座と実技セミナーをセットで勉強する現場向けの講座でした。勉強したいという現場の職員はたくさん集まるものの、主催している団体がよくわからず、不安を持ちながら講習会を行なっていました。
　「職種を超えた領域の人との勉強会（自主企画）」
　「作業療法、理学療法、レクリエーションなどから依頼があったもの」

参加した講習会

《感覚統合療法ワークショップと講演》
　「自閉症、精神分裂病、老人に対する感覚統合の理論と実際」
　・1985年10月10日、戸山サンライズ、LJキング
　・シンポジスト：佐々木正美、小平憲子、木俣祐子、土田玲子先生
《失語症関係》
　・1993年、戸山サンライズで開かれた「失語症セミナー」で竹内先

生も講演すると聞き、参加しました。先生のテーマは「脳卒中のリハビリテーション」でした。

　患者さんは退院後の過ごし方がその後の生活の鍵を握るといわれています。環境を変え、孤立から社会参加へ、友人・仲間づくり、心構えを変える、障害へのこだわりをすて、楽しみを見つけ、積極的に行動することや、話す意欲の向上や社会参加の重要性も書かれていました。そしてこのセミナーのお誘いには、次のように書かれていたのが、私の頭に残りました。

　「高齢化社会を迎え、言語障害（主に失語症・麻痺性構音障害）に悩む障害者が増加しており、言語療法士（ST）・介護職・ボランティアなどの増加と貢献が益々切望されております。ところで、脳卒中や事故などの後遺症についてご存知ですか？　そのうち、言葉やコミュニケーションの障害についてご存知ですか？　今回のセミナーでは、一般都民・福祉関係者の方・ボランティア活動を目指す方まで、広い領域の皆様にご参加いただきたく、心の通うコミュニケーションと支援のための福祉活動について、考えてみたいと思います。どうぞお気軽においでになってください。皆様の参加をお待ちしております」

　このセミナーは3回連続であり、3回とも参加しました。当時の私はいろいろと模索中だったので、このような誘いにひかれたのかもしれません。いま読んでみても、私たち音楽療法の世界にはこのように「社会に開かれた気持ちや表現はない」のではないかと、反省の気持ちでこの文章を引用しました。

　「家庭でできる言語訓練」（「言葉の海」）
　・生活の中でできる、言葉の使い方が、いろいろ書かれていました。
　「みんなで楽しく」（コミュニケーション・ゲーム集2号、1992年）
　・全国失語症友の会連絡会、この冊子はいかに相手から話しを引き出していくかが書かれていたのですが、岐阜に行ってから、職員もできる音楽活用術「音楽療法のレシピ」に結び付いていきました。

《レクリエーション関係》

・日本レクリエーション協会主催の第4回「全国レクリエーション仙台大会」が1992年9月に開催され、会場が仙台市内に散らばっていて、大会とはこんなに大変なものかという印象を持ちました。

・レクリエーション大阪の講習会にも時々参加しているうち、音楽を活用した活動を紹介するようになり、歌体操の寺島龍子氏とも情報交換を行なうようになりました。

《ダンス関係》

「1983年2月11日、武蔵野成年の家：舞踏家・佐藤恵美子、佐藤啓子先生」

・モダンダンスとサイコドラマのふるまいカウンセリング入門。

・一人の動き→二人で体操→呼吸でのやり取り→グループ→自分が物になる→与えられた役割を身体で表現する。

講習会・研修会で出会った人びと

●黒川由紀子さん

黒川由紀子さんは東京大学教育学部教育心理学科卒で、臨床心理士、「回想法」を提唱、慶友病院や上智大学で実践。彼女と私は音楽療法の実践技法のやり取りをし合いました。麹町で開かれた研修会で初めて対面し、「回想法」を体験しました。「天は二物を与えず」に反する人で、頭がよく美人であった彼女には、多くの人が憧れをもっていました（黒川由紀子老年学研究所所長）。

●釜瀬春隆先生

釜瀬先生は松江の開業医で、娘さんに障害があり、音楽療法の裏表を見ていてくださっていました。ですから音楽療法の長短をわかりつつ、私たちにいろいろな提言をくださいました。この先生のもとでは島根の武田美千代さんが長く実践を続けています。

●河野和夫先生

　河野先生は心療内科医で、音楽療法学会の研修委員の一人として、六本木で一緒に研修会を企画運営しました。病院ではおそらく医長ぐらいの人であったにもかかわらず、汗を拭きふき一緒に研修の準備をしてくださった方でした。先生との会議はいつも都内の「コージーコーナー」でした。

●高江洲義英先生

　高江洲先生は沖縄の精神科医で、「芸術療法学会」の現理事長。高江洲先生や徳田良仁先生などから芸術療法学会を岐阜で開催することを提案してくださったのですが、科学技術振興財団から「引き受けてはいけない」と言われ、お断わりせざるを得ませんでした。

●佐々木久夫さん

　佐々木さんは出版社「人間と歴史社」代表で、ロビンスのセミナーで音楽療法関係の書籍販売をしていた人として出会いました。その後、岐阜県音楽療法士および他の人々と、スーパービジョンに関するミシェル・フォーリナッシュ編著『音楽療法スーパービジョン』（2007年）の翻訳の機会を与えてくださいました。岐阜県ではこの書は必要でしたが、当時の日本の中では「スーパービジョン」の段階には到っていなかったため、売れなくて申し訳ないことをしてしまいました。

7 音楽療法に関しての発表・発信

「日本音楽心理学音楽療法懇話会」

　私が懇話会で老人の音楽療法について初めて発表した後に、「きみはこれを文章に書くことを薦める」と桜林先生が言ってくださったのですが、村井先生からは「きみは書いたり発表するのは早すぎるからね」といつも言われていたので、桜林先生の提案はうれしいような、困ったような気持ちでした。初めての発表は第22回年次大会（1992年12月5日）のシンポジウムで、「老人の音楽療法」をテーマに話をしました。

「音楽療法」（JMT）

河口湖セミナーで発表した人が投稿する形式でした。第1巻1991年総説「老人への音楽療法」に、第13回セミナーで発表した内容をまとめて書きました。

当時関係した他の領域

「作業療法士協会」

「協会の事務所が独立・移転。協会設立20年にしてはじめて間借りでない独立した空間をもつことができた。ここに至るまでは、清瀬リハビリテーションを振りだしに5ヶ所を転々とした。新事務所があるビルには、日本てんかん協会、福祉機器開発センターなど多くの障害者・医療福祉関係の団体が事務所をかまえている。今後はこうした関係の人・情報のネットワークを活用した仕事も期待できよう」（「社団法人日本作業療法士協会ニュース」1985年10月15日発行 第101号）

当時の作業療法士（OT）は500人余でした。このニュースペーパーを私が手にしたきっかけは、記事の中で「知恵袋宅配便」という質問コーナー（『求む！痴呆性老人の音楽療法』：山口隆司氏（OT））に私が答えを書いていたので送られてきたものでした。

●溝呂木忠さん

溝呂木さんは理学療法士（PT）で、約40年前、高齢領域に関していろいろな取り組みをしていたリハビリ関係の職員でした。私のように、リハビリに関して何も知らない人に力を貸したり、導いてくれました。その後、理学療法士会の中心的立場で活躍なさっています。

「日本芸術療法学会」

当時は芸術療法学会の中に音楽療法も含まれていました。発表はただ聞くのみで、内容は理解できていなかったと思われます。初めて学会なるものに出るようになり、毎回緊張の連続でした。順天堂大学で開催の

時、シンポジストを担当したのですが、理論的なことは何も伝えられ
ず、中井先生や会場の皆さんをビデオで流した現場の歌声などで驚かせ
てしまったようでした。

8 「岐阜県音楽療法研究所」へのきざし

「リバーパレス青梅」で音楽活動をしている時に、事務所から呼び出
しの電話がかかってきました。「岐阜県から電話です。出てください」
というものでした。「えっ、岐阜には知り合いはいないのに？」と思い
ました。そして、ちょうどそのときは皆さんと『奥飛騨慕情』を歌って
いた時でした。皆さんに電話に出ることを断り、岐阜県の人と話をしま
した。話の内容は、あまりに唐突でよくわかりませんでした。電話から
戻ると、ある男性から「門間さんは岐阜に行くことになるよ」と言われ
たのです。その時は「岐阜とは縁もゆかりもないところ、行くはずがな
い」と返し、活動を続行しました。

当時、都内での仕事はかなりあり、毎日、あちこちの病院や施設に移
動する生活に疲れ果てていました。また個人的にも、人との別れがあっ
たり、これから先の生活に不安を感じ始めていた頃に、岐阜からの仕事
の話が出てきました。一度、仙台に帰って親にも相談しました。仙台と
岐阜の距離を感じていたからです。父からは「自分たちのことは心配い
らないから、自分のこととしてよく考えるように」と言われて、東京に
戻ってきました。

岐阜県の人と面会

あるとき、岐阜県の人が訪ねてきました。「出版クラブ」（神楽坂）で
その方々と会い、桜林先生とともに音楽療法事業の話を聞いたのでし
た。その後も桜林先生と一緒に岐阜県の関係者とお目にかかるように
なりました。岐阜県の人からは、「この事業は梶原知事が龍角散の藤井
社長から薦められて展開してきているが、自分たちはちっともわからな

い分野なので、いろいろ教えてほしい」というようなことを言われました。後で、この件は梶原知事が藤井社長から聞いた話がきっかけで、健康に関心の高かった知事が高齢者の健康にも役立つと、この健康づくりの話を政策に取り込んでいったものでした。

当時は「長寿財団」（主に高齢福祉の分野に携わっていた岐阜県庁退職者で構成）というところが窓口になっていました。その後も、時々、岐阜県のいろいろな団体から、講演やワークショップの依頼が来るようになりました。幾度かは名古屋の大野桂子さんと一緒のこともありました。また、知的障害者の支援団体主催の講演会で馬渕敦子さんにとても親切にしていただき、このような方を頼れるなら「働けるかな」と思うようになっていきました。

当時、桜林先生が岐阜県音楽療法研究所の名誉所長になるなんて、想像すらしていませんでしたし、少し苦手な人でもありました。しかし『音楽療法』（JMT）の1号に記載された先生の「終末期の情緒」という文章を読んでから、急に先生を近しく感じるようになりました。そこには、

「人生には終わりがあり、それに衰えがともない、徐々に死への接近を予感しおびえながら、しかもさらに病苦の侵入におそれる」

「人生は一つのドラマである。死が自覚された瞬間、その人生が走馬灯のように想起されるそうである」

「そこで求められるのは、その追想を共に語り合える相手の存在であり、過去の痛恨、ぬぐいきれないフラストレーションの痕跡に対する温かいなぐさめの言葉や、見直しの開眼を与える助言であり、あるいは共感の言葉である」

とありました。この文章を読んだ時、私はまだ40歳代の前半であったので、死は現実的なものではありませんでした。しかし、音楽療法の実践上でも高齢者と日々関わる中で、人生の終末の情緒は避けて通れないものでしたが、よくわかっていませんでした。桜林先生の文章は、

「老年期」という時期の人間の過ごし方を考え直させられたと同時に、桜林先生を人間的に近い存在に思えるようになりました。先生のことを知らない音楽療法士が増えた現在、桜林先生を「おうりん先生」と呼ぶ人もいて、驚くことがありましたが、私たちの世界では忘れてはいけない大きな存在の人だったと思います。

岐阜県音楽療法研究所に行くことを決心

　竹内先生の、「皆が取り組んでいない領域に手をつけるのが、今後の道が開かれる」「きみたちのような未開発の分野は、請われたら行くもんだ」いう後押しの言葉と、松井先生の研究所が発行した『音楽療法』（JMT）の第1号に桜林先生が書かれた「終末期の情緒」という文章を読んで、老人の領域に心が動かされていました。それまでは、自分もいずれ年をとり老人になるにもかかわらず、どこかお年寄りを嫌っている自分がいました。しかし、当時は高齢者に取り組んでいる人があまりいなかったので、私がその事業を引き受けることになった──ただそれだけでした。

《音楽療法：キャリアアドバイス 》

音楽療法の実践や研修・講習をしていく中で、いま学んでいる人、これから学ぼうとしている人たちに伝えておきたいことが、頭の中でまとまってきました。それを以下に示してみます。

1、音楽療法といえ、必要な学習は時代・対象者とともに変化していきます。何を学んだらよいかは、自分のベースの学問・技術、その時代、対象者などを念頭に、変化していくということを忘れないでほしい。

2、音楽療法という活動は、頭で考えたようにはいきません。それだけ相手から返ってくる反応が一定ではないと思われます。学んだことや計画した実践はそのつど振り返りをし、次回は修正をしていく必要があります。その活動を他人にも話してみる。他人の質問の中には修正のヒントがたくさんあるからです。

3、経験の少ない実践家は、音楽療法の活動目標をはじめから全部自分で考えようとしないで、施設長なり責任者などと話して、その施設の設置目標を真摯に受け止めて目標を立てていくとよいと思われます。わからない時はまわりの責任ある職員に聞きながら計画を立てることをお勧めします。

4、「利用者を感じる」「相手を見る」視点を常に怠らないようにしながら、自分の感性を磨き続けることが大事だと思います。

5、頼まれなくても「音楽療法とは？」とか「活動のねらい」などは文章化して、施設の責任者や広報の人に渡すくらいの積極さがあってもよいと思います。それは相手のためというより、自分の思考を整理するのに役立つものになるのです。文量は長文ではなく、400 〜 1600 字程度でよいでしょう。

6、自分がやっている活動を音楽療法以外の人にも理解できるように話したり、書いたりすることを日頃から怠らないように努力することをお勧めします。

7、利用者やご家族が、広報誌に音楽の活動の感想を書いてくださるのはありがたいことです。そのような依頼は必ず受けましょう。

8、事業計画に音楽療法活動の様子や目的を載せてもらえるのは、私たちの仕事をほかの職種にも伝える大事な機会という認識を持つと同時に、自分たちもチームの一員である自覚を持てるような内容にしていくことが大事です。

9、現在は音楽療法の大学教育は確立されてきていますが、私たちの周りにある生涯教育やカルチャー講座は自分の足りない領域を補ったり、大学の教員とは異なる現場の職員の悩みや現実を知るよいチャンスでもあるという視点から、機会をとらえて参加してみてはいかがでしょう。区や市の広報にもそのような情報は満載です。自分の住んでいる地域から学ぶことも多いはずです。

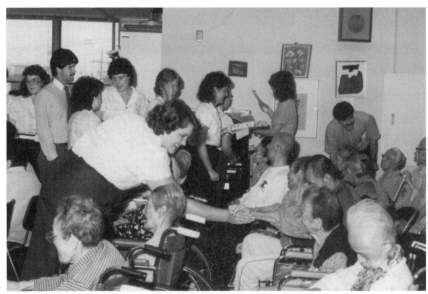

至誠老人ホームを訪れたフィンランドの合唱団

東邦大学のオーケストラ練習風景

青山学院高等部ハンドベル部の生徒たち

ハンドベルの講習会（熊の湯）右端が申さん

青山学院中等部の音楽と書道の先生方

河口湖セミナーの参加者と

調布市福祉センターの音楽療法士

讃美歌を歌う会、参加者の一人が作って
くれた看板（リバーパレス青梅）

リバーパレス青梅でのセッション

エリザベト音楽大学での講習会
（栗林文雄先生と）

竹内先生と施設長の研修会で

2

岐阜県に移り住む
1994年〜1999年

45歳：1994年（平成6年）　10月…大江健三郎ノーベル文学賞受賞
46歳：1995年（平成7年）　1月…阪神・淡路大震災
47歳：1996年（平成8年）　2月…いじめによる自殺続出、文部省いじめ問題対
　　　　　　　　　　　　　　　　策本部設置
48歳：1997年（平成9年）　12月…介護保険法公布（施行は2000年4月）
49歳：1998年（平成10年）　7月…和歌山カレー事件
50歳：1999年（平成11年）　8月…国旗・国歌法の成立

新しい政策を模索中だった岐阜県知事

1990年（平成2年）頃、岐阜県では「夢おこし」の一環として「がやがや会議」が県内各地域で開かれていました。「がやがや会議」とは、一般の岐阜県民が自分たちの夢や希望を自由に語る場でした。その語られた内容のいくつかは県の事業として取り上げられ、具現化されていきました。音楽療法もその一つでした。

1991年（平成3年）、生きがい長寿財団による「長寿社会ふれあいシンポジウム」が岐阜市で開催されました。その折の知事の挨拶に、ある主婦の話として「実家の父親が認知症になり、大変苦労した。暇をみつけて実家に帰り、父親が若い頃に愛唱していたカチューシャの歌を繰り返し歌っているうち、症状が軽くなった」という話が知事の頭の中に残っていたそうです。その後、知事はオーストラリア視察に出向いた際に、当地の病院などで音楽療法なるものを見学し、その領域に関心を持たれたとのことでした。

県民の夢を語るこの会議の中で、人選は別として、事業の内容が数名の委員や職員と検討されていきました。事業の中心は県の外郭団体の「岐阜県生きがい長寿財団」でした。しかし、高齢福祉課の職員は音楽療法なるものはどのようなことかまるでわからず、手探り状態。たまたま高齢領域を始めていた私のところにも電話がかかってくるようになったのでした。

桜林先生と岐阜を訪ねる

幾度か岐阜を訪ねたのですが、あるとき桜林先生とご一緒しました。岐阜羽島からは迎えの車が用意されていました。県庁の近くにあったレストランで昼食をとりました。そこで鮎をご馳走になったのですが、その鮎の小さいことに私は内心びっくりしていました。それを見透かされたように、「天然の鮎はこのように小さいのです。たぶん今まで召し上がった鮎はもっと大きいものだったでしょうが、岐阜県ではこの天然の

鮎をたくさん食べることができますよ」というような会話をした覚えがあります。桜林先生は、この小ぶりの鮎がとても気に入られたようでした。そして、県の幹部の人からは「門間さんは生粋の東京人ではないので、岐阜にはなじみやすいかもしれない」と言われました。

担当部署の高齢福祉課は、採用した人を県の職員にするか、外郭団体の職員にするかという迷いがあったようです。県の職員となるといろいろ縛りが多いので、新しい事業をやるにはそうでないほうが動きやすいのではないか、という判断もあったようです。結局、所属は「福祉事業団」となりました。

いろいろな経緯はありましたが、私が岐阜に行くことが決定し、手続きが進行していきました。

1 福祉事業団の所属として「寿楽苑」に事務所を開設

岐阜県からは仕事をする上で守ってほしいという3つの条件が出されました。

第一は、岐阜県に移り住んでほしい

第二は、政治活動をしない

第三は、仕事に宗教を持ち込まない

でした。

岐阜時代の仕事

① 岐阜県としての音楽活動の模索期

② 近県も含めた広報期（音楽療法の入門講座を繰り返す）

③ 研修期（我々なりに考えた、系統だった研修の講座を始める）

④ 認定期（課題と研修を終了した人約600名以上を岐阜県音楽療法士に認定＝GMT）

⑤ GMTの活動を支援（実践職場の開拓と報酬の基準）

⑥ 外への発信（GMTの活動を県内外に発信）

⑦ 音楽療法を科学と捉えた活動と研究の発信

　岐阜県で活動を始めた頃は、地位ある人から名前も知らない一般の市民まで、多くの人が私に刺激をくださいました。その時々、その地域で、短時間であっても大小さまざまな刺激を送ってくださった方が大勢いらっしゃいました。こうした方々をどのように記載していったらよいか迷いましたが、時系列で記憶を呼び覚ましながら記述していきたいと考えました。

まずは部屋探し

●西垣功朗さん

　西垣さんは高齢福祉課の県職員で、「岐阜県音楽療法研究所」設立までの地ならしをしてくれた人でした。のちに県の幹部になり、財政関係の仕事に就いていました。

　いよいよ引越しが始まり、西垣さんがいろいろな相談に乗ってくれました。西垣さんにはアパートを探していただき、不動産の保証人までお願いしました。岐阜の地理感覚がまるでない私に、岐阜市内を案内してくれたり、東京が恋しくなったら、このようなお店も岐阜にはありますよと「とんき」（目黒にあるトンカツの有名店）のようなとんかつ屋さんにも連れて行ってくれました。彼は一橋大学卒だったので、東京のことはわかっていました。

　西垣さんが、市内のアパートをいろいろ案内してくれたのですが、私が決めたアパートは県庁が見える場所でした。特別養護老人ホーム「寿楽苑」までは車で40分ぐらいかかりました。目の前には「ふれあい会館」という県の施設があり、福祉事業団が入っている会館も歩いて5分ぐらい、県庁までは10分ぐらいと、今まで会議などで訪ねた建物が目の前に広がっている地域にアパートを決めました。

　東京練馬の関町で、1K7万円のアパートから、3LDK7万円のアパートへの引越しでした。引越しを見に来た福祉事業団の職員が電気ストー

ブ一つしかない暖房を見て、「これでは岐阜は過ごせませんよ」と言われてしまいました。そのとおりで、4月の岐阜は寒くてしかたありませんでした。しかし、寒さを感じている暇もなく、知事も出席するという寿楽苑の開所式を控えていました。都内にいる間は必要なかった車も必需品になりました。お金がなかった私に、福祉事業団の小川さんから車を譲っていただき、ドキドキしながらマニュアル車を運転しました。

辞令の交付

　福祉事業団の理事長である細井日出男さん（県の高齢福祉課の部長を定年退職したばかりの方）から、この年に採用になったばかりの福祉事業団の職員に、所属ごとに辞令が交付されました。私も新人として列に並び、辞令の交付を受けました。役職名には「所長心得」と書かれていました。

　たぶん皆さんも「心得」という言葉はなじみがないかも知れません。辞書によると、「あることをするに当たって守るべき心構え、下級の者が上級の者の職種を一時的に行なう役職名」と書かれていました。私の上司は名誉所長の桜林先生でしたので、桜林先生の秘書ぐらいかと思っていましたが、一応、事業団の理事長に伺うと、私が何も知らない人とわかり、ていねいに説明をしてくださいました。そして私はいずれこの音楽療法研究所の所長になるのだということがわかりました。言葉の意味はわかったものの、この頃はことの重大性や職責の重さはほとんどわかっていませんでした。

寿楽苑での最初の業務

　寿楽苑の開所式の時から「開所式では門間さんにピアノをお願いします」との話。知事などが入場する時はぜひピアノを弾いてほしい、その前に式典が始まる時も一曲、終わりの時も同様に、とだんだん弾く曲が増えていきました。宗教色のない曲となると、学校時代のようにはいき

ませんでした。学校の式典とは異なり、選曲に迷いました。「渚のアデリーヌ」とアンドレ・ギャニオンの「小さい春」を中心に選曲をし、慌てて練習を始めたものの、引越しの片づけも終わっていない状態で、落ち着かない日々でした。初めて「知事」という人に挨拶をし、これでスタートするというワクワク感より、漠然とした不安感でいっぱいの初日でした。

　職場は、岐阜市内から車で40分ぐらい離れた郊外で、新設された「特別養護老人ホーム寿楽苑」内でした。「音楽療法研究所」は、同じく4月に開所した「介護実習普及センター」と同室でした。そして、私のもとで仕事を手伝ってくれる人は、地元の大学を卒業したばかりの20歳そこそこの女性だけで、彼女と私二人だけの出発でした。

　いよいよ仕事が始まったものの、「何をしたらよいか?」の世界でした。聞く人も相談する人もいないし、聞いても「あなたが思うようにやってください」という言葉が返ってくるだけでした。そこで同室の介護実習普及センターの藤園係長さんにも相談したり、彼らの仕事のやり方を見ながら、自分たちの仕事を考えていきました。しかし後から話を聞くと、藤園さんたちも手探りの状況で、自分たちのセンターの研修を考えるのに必死だったそうです。私たちが勝手に兄貴的存在としてみていた彼らも、実はそれどころでなかったことがわかったのは、だいぶ後になってからでした。

　初めに面食らったのは「パソコン」で、となりはパソコンのウインドウズがどうのこうのと言っているのですが、こちらはワープロの「オアシス」。まず機材の差を感じましたが、パソコンを扱える人もいませんでした。誰に教えてもらったらいいかもわからず、何から手を付けてよいかわかっていなかった頃で、一緒に始めた彼女にどんな仕事を頼んでいいかもわかりませんでした。来客が多い日々でしたので、お茶を出してくれる人がいたことは助かりました。

　ある日、翌日の講演会のため遅くまで手伝ってもらい、帰宅時間が

21時ごろになってしまっていたら、即、親から抗議の電話がかかってきてしまいました。当時の私の帰宅時間はだいたい23時を過ぎていました。というのは、日中は来客が多く、ほとんど仕事らしいことはできませんでした。だいたい16時を過ぎた頃から「自分の時間」という感じでしたから、私の時間感覚がかなりおかしくなっていました。

細井日出男・福祉事業団理事長には、「この事業はまず人を育てることが必要であろう。また音楽療法が障害者や病気の人のみではなく、健康な人にも使えないか？」という課題をいただいていました。

「寿楽苑」での最初の仕事は、今までの自分が辿った道を繰り返すことでした。

① 音楽療法のわかりやすい説明（県民、住民、関心を持って集まった人々）

② 普及のための講演

③ 音楽療法の初期的研修と研究所職員による実践、その後岐阜県音楽療法士（GMT）の現場実習

見学会を実施

私の初めの事業は、岐阜県民に対してこの事業を広く周知すると同時に、皆さんに「この事業に加わってください」と呼びかけることでした。まずはこの研究所の場所を県民の皆さんに知っていただき、また県民の皆さんがここに何を求めているか知りたいと考え、「見学会」を開催することにしました。

それまでは、東京音楽療法協会の講習会を開くにしても、同僚や仲間などと相談しながら、知恵も出し合いながら物事を進めていました。しかしここでは一人で決めていくより仕方ないのでした。しかも、ここでのモデルは異分野の「介護領域」でした。その準備は、研究所の場所を示す「地図作り」からでした。岐阜の人に聞きながら、やっと地図を作りましたが、この場所が岐阜市内といっても奥まっていて、いかにわか

りにくい場所であるかを再認識しました。

　見学会の当日はどれだけの県民が来てくださるかが心配でした。しかしふたを開けてみると、参加者の中には知多半島（愛知県の先端の半島）や、京都・名古屋からも参加がありました。ここは岐阜県がやっているところ、他県の人をどのように扱ったらよいか私は判断しかねたので、細井理事長に相談すると、「愛知県からも人が来てくれるのはうれしいことではないか」と言われました。当時は「岐阜は愛知の植民地」と言われていましたので、喜んで皆さんを受け入れました。防音室に、県が買い揃えてくださったボディソニックをはじめ、あるだけの楽器を並べたり、資料（パンフレット）を用意したりして、皆様をお待ちしました。

　「見学会」は2日にわたって行ない、まずまずのスタートを切りました。その時のアンケートをもとに、これからの事業計画を立てていきました。

どのような「音楽療法士」を思い描いたか

　岐阜の仕事を通しながら、音楽療法士と言われる人の仕事は、大きく二つの方向性があると考えました。

　一つ目は、自分が対象者に直接向かって実践すること。

　二つ目は、自分がすべての人や場に出向くことはできない。しかしそこには家族や介護職、看護職などさまざまな人間が関わっている。そして、音楽を使いたがっている。その人たちを教育し、方法を伝授すること。

　この二つ目が、ここでの音楽療法士の大きな役割と考えるようになりました。

桜林先生の「音楽療法原論」講演会

　県からの次の要望は、「桜林先生の講演会を開いてほしい」というも

のでした。先生から出された演題は「音楽療法原論」でした。私は先生らしいというか、「あー、むずしい」と思いました。

終了後、県の幹部の人たちからは、「なんと奥の深いよい話であった。音楽療法とは簡単なものではないのだね」という感想が返ってきました。当日はいろいろ動き回っていたせいもあるのですが、その時の私にはちっとも良さがわかっていませんでした。しかし、あとで落ち着いて原稿のテープ起こしをしてみて、なんと奥の深い、意味深い話であったかを知ることになりました。

この講演の一部を文章化してありますので、皆さんにもこの本を通して、お読みいただければと思います。桜林先生の遺言のようなものだったかも知れません。

この講演会の頃に、桜林先生は「ぼくはサルコイドーシスなんだよ」と話してくださったのですが、1年もしないうちにガンで亡くなられてしまいました。先生が亡くなられた時、この講演を小冊子にして、東京の音楽療法関係の皆様にお渡ししたく用意したのでしたが、葬儀の主催が岐阜県ではないからという理由で受け取ってもらえませんでした。

桜林先生の岐阜県音楽療法研究所名誉所長は1年だけでしたが、あとで思えば密度の濃い1年でした。講演会の時、私がめったに着ることのないオレンジ色の洋服をほめてくださり、「ここではこのような色の洋服をもっと着るとよいよ。とても似合っているよ」と以前の先生からは想像もつかないような言葉をかけていただき、びっくりしてしまいました。

その後、先生の所蔵書籍は岐阜県図書館に整理され、「桜林文庫」となりました。昭和音楽大学で教鞭をとられている羽石英里さんはこれをもとに、カンザス大学大学院在学中に修士論文を書いてくださいました。ちなみに、先生は横浜にある美空ひばりのお墓の一段上の位置に眠っておられるので探しやすいと思います。

この音楽療法原論の最後の部分では、「あなたたちはいろいろなこと

はできないかもしれないけど、生きている。あなたが生きているということが大切で、生きていることに対する自己満足というのは生きがいというものを感じさせる。これが一番のもとであって、勉強ができる、頭がよくなるのも生きがいを感じさせることになるのです。それから、不快な刺激を与えられるよりは、快い刺激を与えられたほうが頭もよくなれば健康にもなる。心身ともベターな状態になってくるという。これが音楽療法の基本原理ということです」と締めくくられていました。

「音楽療法原論」は、

① 芸術活動におけるエロスとアガペーの均衡

② 音楽芸術の宗教療法的機能性

③ 音楽行動による個と群の確立

④ 快適性環境から心身の健康へ

というテーマで話してくださいました。

途中で、「芸大では音楽療法ははやらなかった」ということに触れられました。「自分は何十年と芸大で教えてきたが、音楽科の学生を見ていると、ものすごく競争心が旺盛、自分こそ日本一、世界一になるぞ、その競争心が強くてコンクールで一番になることのほうに傾きすぎている人が多く、音楽療法や聴いている人のために演奏するという意識が乏しいような人が多い。したがって、芸大では音楽療法というものはあまり流行らなかった。ところがその中でも音楽療法に目覚める人が、数は少ないけど出てくる。その人が、音楽療法に入ってくると、すばらしい活動性を発揮するわけです」と話していました。あとで紹介する山上陽美さんはそのような人でした。

岐阜県知事の一声で始まった事業ではありましたが、岐阜県はもとより愛知県の人も受け入れたことが、岐阜県民の自尊心を高めたと思います。

シルバーサミット

　岐阜に勤めた1994年（平成6年）の7月には、「シルバーサミット」という行事に招かれ、根尾村に行きました。そこでは、県内各地域から老人の代表者が派遣されており、多くの人に出会いました。その方々の前で話すということには「音楽療法を地域に持って帰ってもらえるかどうか」がかかっていました。

　私の講演時間は2時間、ところが用意した話の内容は60分で終わってしまいました。参加者の皆さんは、その日は早起きをして、それぞれの自宅から遠路はるばる集まっていたのです。多くの方の居眠りも始まっていました。このまま話を続けていたのでは、皆さんの「昼寝タイム」になってしまうと、あせってしまいました。そこで話を聞いているだけでは皆さんがもたないと思い、予定にはなかった身体を動かすなど、動作を伴ったことをやることに計画を変更しました。すると、老人だけではなく県の幹部の皆様も、一緒に手や身体を動かしてくださったのです。あとで伺うと「前半は退屈だったけど、後半は楽しかった」という感想をいただき、講演会という場のやり方を考えてしまいました。

　皆様から草木染の絹のスカーフをいただいたので、オレンジの千鳥格子のワンピースに付けて写真を撮っていただき、岐阜市に戻ってきました。この「シルバーサミット」は毎年県内各地域で開かれ、そのたびに各地域に出向いて行きました。

　その翌月、1994年8月の暑い最中、神戸老人クラブの方々が、下呂温泉の帰りにわざわざ新しくできた寿楽苑を見学にいらしたのです。さすが神戸の方々と思わされる素敵なご老人たちでした。数時間の交流でしたが、お互いに別れがたい気持ちを持ちました。神戸がぐっと近く感じるようになったひと時でした。

初めての海外招聘講師のシンポジウム

　6月の桜林先生の講演会は寿楽苑でしたが、秋には研究所設立記念シ

ンポジウムを「ふれあい会館」のサラマンカホールで開催しました。ア
メリカから、アリシア・アン・クレア氏（カンザス大学音楽療法科の主
任教授）、マイケル・タウト氏（コロラド州立大学音楽学科教授、神経
学的音楽療法の提唱者）、栗林文雄先生（北海道医療大学教授）をお招
きしました。一人体制の中でよくこのようなことができたと思います
が、栗林先生の助言と県や福祉事業団の皆様のバックアップが大きかっ
たことに、当時はあまり意識が向いていませんでした。

　アメリカとのやり取りは栗林先生にお願いしました。本当に一人では
乗り切れませんでした。参加者は600人を超して、「サラマンカホール」
が満席でした。そして細井理事長の指令のもと、講演会後は高山の大名
旅行も企画されました。先生方は大変喜ばれましたが、このようなもて
なしは、後で考えると県としても最後でした。

　講師の先生方から「東京も見たい」という希望があったので、お二人
を浅草や銀座に案内しました。あとでわかったのですが、このシンポジ
ウムに、かつての勤務先であった宮城学院の早坂禮伍学院長が参加して
くださっていたのです。当日は忙しいだろうからと、客席から見守って
いてくださったようでした。あとで「きみがやろうとしていたことがだ
んだんわかってきた」とお手紙をくださいました。そのお手紙を見た時
は「こんなに遠くまで」と思わず涙が出てしまいました。

はじめての職員旅行

　いくつかの大きな行事を終えた初年度（1994年）の12月中旬、寿楽
苑の職員と一緒に職員旅行なるものに参加させていただきました。時期
をずらして二班に分かれて、京都と神戸に行きました。学校時代は仲間
や同じ教科の人との旅行はありましたが、職場の人と旅行したのは初め
てでした。とても皆さん楽しそうで、バスが出発したとたんビールの栓
が開けられていました。

　はじめの自由時間は京都の渡月橋。なんとなく散策をしていると、見

覚えのある制服の子供たちが目に飛び込んできました。なんと宮城学院の高校生ではないですか！　「先生方はどこにいるの？」と宿を教えてもらい、訪ねていくと知った顔・顔・顔で、すっかり懐かしくなってしまいました。10年ぶりぐらいの再会でした。自分が職員旅行でこの場所に来ていることなどすっかり忘れておしゃべりに夢中になっていると、生徒たちが続々と宿に戻ってきました。私も集合時間があったことを思い出し、慌てて皆さんとお別れをし、神戸の異人街で買い物などをして宿に入りました。その1ヶ月後に、あの「地震」が起こったのでした。

阪神・淡路大震災

　正月が明けて、少したったある早朝（1995年1月16日5時46分）、ローチェストの上に置いてあったテレビが落ちそうになるくらいの、急で激しい揺れが起こったのです。宮城県出身の私は比較的大きな地震には慣れていたとは言え、これはどこかで大きな地震が起こったと考え、すぐにテレビをつけましたが、まだ何もわからない状態でした。一人暮らしの私を心配した幸脇さん（シルバーダンスのリーダー）から無事を確認する電話がありました。彼女とはシルバーサミットで知り合いました。

　7時のニュースで、淡路島付近が震源で、神戸付近の被害が甚大、道路がひっくり返っている映像が流れてきました。8月の老人クラブの方々、12月に買い物で散策した異人館など、身近に感じていた神戸が……。

　宮城県庁に勤めていた父は災害が起こると、とにかく県庁に駆けつけていたので、「私はどうしたらよいの？」と思い、事業団に電話すると、「とにかく寿楽苑に行くように」ということでしたので、自分の職場に向かいました。時間が経つにつれて、被害状況が明らかになり、ここしばらくなかったくらいの大災害であることがわかってきました。しか

し、当時は自分の仕事もままならない状況でしたし、介護実習普及セン
ターも自分たちの仕事に専念していたので、落ち着かないまま、通常の
仕事に取り組んでいました。約1年後、神戸で支援の講習会を企画した
ところ、大勢の方が集まってくださいました。

桜林先生とのお別れ

この大震災のあと、大きな悲しみが待っていました。岐阜での1年目
が終ろうとしていた頃、私は風邪をこじらせ、結果的には尿管結石で大
変な腹痛を起こして入院してしまいました。やっと退院し、入院中の桜
林先生を見舞いに東京に向かったのですが、前日に病院内のトイレで倒
れた先生には1日遅れで最期に間に合いませんでした。

1995年3月13日、桜林先生は亡くなられてしまいました。病気のこ
とはわかっていましたが、こんなに早く逝去されるとは思っていません
でした。先生の葬儀の帰りの新幹線で涙をぬぐっていると、「阪神の震
災でどなたか亡くされたのですか？」と声をかけてきた人がいました。
実際は、桜林先生が亡くなられたことの涙でしたが、多くの人が周りの
人を喪った災害であったのだと思い知らされました。また大きな荷物を
持って、三重県に講演に行くために乗ったタクシーの運転手さんが、
「被災して大変だったねー、料金は要らないからがんばって行きなさい」
と言われた時も、「違います」と言っても、料金は受け取ってもらえま
せんでした。人の優しさがとても身にしみました。そして私は岐阜のと
なりの県である三重県にも、なんらかの方法でお返ししなければと思わ
された人の優しさでもありました。

市民が知恵を提案

篠田政一さんは寿楽苑の近隣の住民で、講演会などにもよく参加して
くださっていました。「あんたの言うことは難しいが、要するに音楽療
法は音楽利用法（おんがくりようほう）だね」と、言ってきたのです。

「アーなるほど、これは皆さんにもすぐ理解していただける説明だ」と思って、私も使わせていただきました。すると皆さんがすぐ納得してくださるのです。学者さんからはいろいろ言われましたが、この事業に参入する県民が納得できる言葉であったので、「健康づくりに音楽を利用すること」「子供の発達を促すために音楽を利用すること」というように使わせていただきました。

中国から技能実習生

　この年に初めて寿楽苑に中国から3人の実習生が来ました。これは国策で、たぶん日本全国に同様の実習生が散っていたと思われます。日本の今後は介護の人材が不足することが予想されたので、このような制度が導入されたわけですが、送られてきた3人は中国でそれなりの生活をしていた人だったのでしょう。日本人の介護者と同等の扱いをされない時は、その時々に抗議をしてきて、施設長を困惑させていました。

　音楽療法の場にも参加してくるようになり、1月の中国のお祭りである春節の時には彼らのアパートに招待されました。私と西垣さんと中国語の通訳をしてくださっていたボランティアの山崎さんが参加しました。皆で餃子の皮と中身を作り、こっそり何枚かの硬貨を隠し入れました。言葉など通じなくても、和気あいあいの楽しいひと時でした。

シンガポール厚生副大臣の視察

　これも、政策の一環でした。あまりニュースなどに関心を寄せていなかった私でしたが、人材を交流することで、今後の日本の介護労働力の減少に対応するというようなことを言われました。当時は「そんなことないでしょう？」と思っていましたが、30年たった今、現実には介護関係の人材不足はその通りになっていきました。この視察団は介護現場を主に見ることでしたが、入所者の皆さんが歌を歌っているような現場も関心を持って見てくださいました。

健康領域にも音楽療法を活用

　岐阜に来て初めの頃に、県から求められた「健康増進にも音楽の活用を」は今後の私たちの課題ではないかと思いました。その頃、母方の叔父（奥山大和）に送った私の手紙には下記のようなことを書いていました。

　「人の健康にはスピリチュアルなことも満たされていることが、WHOの定義に付け加えられました。この部分で音楽の果たす役割は大きいと考えます。現在、私の周りにいる皆さんは本当に普通の人なのです。でも、少し背中を押すと、本当に素敵な人になっていくのをまのあたりに見ると、大人の教育というか研修が大切だなーとつくづく思っています。税金を使っているという重みも感じます。岐阜県は経済力のない県ですが、自分で自分の生活と県をよくするようにというのが、モットーなのです。ですからこのような事業に多くの県民に参加していただくことが大事と考えました」……。

　音楽療法士は決して特別な仕事でなく、普通の人もやれること（隣人が隣人に手助けし、共に楽しむというようなことをモットーにしています）、ですから私にもできるし、あなたもよければどうぞ……と言ってみたら、あふれるほどの受講生が研修に参加してくださるようになったのです。このような考え方は、音楽療法の世界では必ずしも受けいれられず、私も時々自信をなくすのですが、音楽がすべての人の為のものだったら、これでよいと自問自答しながら、事業を展開していました。東京の仲間に「偉いことはないですが、続けていくのはえらいです」と、手紙で書き送っていました。

　この研修を受けた普通のおばさん、おじさんが自分の生活圏の地域で、活動を続けてくれているのです。私に対するお礼として、「先生のおかげで、私のような普通のおばさんがこのような仕事をする、できるようになったことが感謝です」と言われましたが、この言葉は私を日常的に刺激していきました。後でわかったことですが、このような普通の

おばさんの中には、息子さんに障害があり（親としてはこのような子供たちと言っても皆さん40歳以上でしたが）、「音楽で少しでも楽しい時間を過ごすことができるようにしてあげたいと思った」という親の願いを聞かされたりしました。

●馬渕敦子さん

息子（弘寿）さんに知的障害あり、岐阜の事業開始前から、終わりまで支えてくれたお一人です。その息子さんは2022年6月に63歳で脳出血で亡くなってしまいました。息子さんは良い絵画の先生と出会ったことで絵の才能を開花し、日常的には好きな音楽を楽しみ、皆さんに愛されていましたが、あっという間に亡くなられました。

2　2年目の活動

桜林先生亡きあと、ますます相談相手はなく、県からの要求もさらにレベルアップしていきました。

・音楽療法は健康な人には関係ないものか
・職員は門間さん一人では大変ではないか
・研究所の場所は特別養護老人ホームの寿楽苑でよいのか
・名誉所長はどなたにするか

などなど、私も言いたかったことが県からも出されてきました。

新たな職員を募集

やはり、一人ではこの仕事はやりきれない。「音楽療法関係者をもう一人採用してはどうか」と県から提案があり、東京で心当たりの人にあたり、東京音楽療法協会で一緒だった岡崎香奈さん、阿部恵さんに声をかけたら、さっそく岐阜に見学にやってきました。阿部さんから「毎週群馬に帰ってよいか」という打診がありました。それまでの仕事の状況から「そんなことはできない」と言うと、村井先生から「それぐらいは認めてあげないと」と言われ驚きました。しかし、この1年の仕事の忙

全ての人間の健康・生活・環境の向上を計る
音楽・音の再認識と活用

音楽の活用
（音楽療法）

健康
（福祉社会）

- ヘルスプロモーション＊ ┐ 社会教育
- 健康づくり   │ 生涯教育
- 積極的健康   ┘ 体験学習

↓

〔個人のライフスタイル〕
ライフステージごとの援助
予防、維持、増進、セルフケア
緊張の緩和
・自分らしさ
・潜在能力の発揮
・個人の気付き

〔個人を取り巻く環境〕
家庭のハーモニー、地域活動
教育の場での音楽の再活用
職場、都市の音環境

半健康人

受験世代
企業戦士
育児疲れ
介護疲れの人
etc.

療法
（社会福祉・医療）

- セラピィー（治療の側面）
- ケア   （介護の側面）
- セルフケア（自己治癒力を高める）

↓

福祉
　心身障害、知的障害
　特養、老人保健施設
教育
　養護学校、保健室
病院
　精神科領域、心療内科領域
　リハビリ、手術室、透析
　一般病棟内
在宅医療
　ターミナルケア
　シルバー世代の抱える問題

＊ヘルスプロモーションとは
人々が自らの健康をコントロールし改善出来るように
するプロセス。身体的、精神的、社会的に完全に良好
な状態に到達するためには個人や集団が望みを確認・
実現し、ニーズを満たし、環境を改善し環境に対処す
ることが出来なければならない（1986年．WHO）

しさを振り返ると、とても無理な申し出と思われ、結果的には「移り住んでもよい」と言ってくれた岡崎さんにお願いすることになりました。さらにその年（1995年）の9月、栗林先生から作曲が専門の原沢康明さんの紹介があり、3人体制となりました。

●岡崎香奈（かな）さん

　岡崎さんは研究所の初めの段階で一緒に働いてくれた研究員で、かつての懇話会時代、稚拙な私の文章を英訳してくれた人でもありました。

●原沢康明（こうめい）さん

　原沢さんはカンザス大学大学院博士課程作曲専攻を修了した人で、この業界には作曲家が必要と思う部分が多々あったので、採用を決めたのでしたが、私は彼の能力をうまく引き出すことができなかったかも知れません。彼のノードフ・ロビンスの音楽の分析は的を射たものであり、この領域は作曲家との連携が大事と思わされた瞬間でした。また研究所に勤務するまでは、触れたこともなかった障害者への接し方には新鮮なものがありました。現場でもっと鍛えるべきだったのに、彼の力を十分育てず、生かすこともできないうちに大学の仕事に送り出したのは失敗だったかも知れません。

●広川理恵さん

　広川さんは3年目に採用した人で、カンザス大学を終了後、研究員として一緒に仕事をしました。カンザス大学では「すべてパソコンで」という彼女の主張に驚きつつも、そうなっていくのだと強い刺激をもらいました。広川さんは器用な人ではなかったのですが、こつこつと臨床と仕事をこなしてくれました。

桜林先生の蔵書の寄贈

　完成したばかりの岐阜県立図書館の中に、桜林先生の蔵書をまとめて収蔵していただくことになり、その前準備を行ないました。一応、収め終わったとき、「開設記念講演会」を開催しました。

アメリカの音楽療法事情視察──ユタ州とニューヨーク

　アメリカの音楽療法事情を見るということで、岐阜県と友好関係があるユタ州を含めてニューヨークに視察が組まれ、岡崎香奈さんと高齢福祉課の県職員の 3 人で出かけました。これは岡崎さんのコーディネートのおかげで、岐阜の友好都市であるユタ州と、岡崎さんが留学（ニューヨーク大学大学院音楽療法学科修士課程修了）していたニューヨークが中心でした。ユタ州では州立大学のサパーストン教授、同じくヨーク助教授との再会、そしてモルモン教が盛んな独特のユタ州の空気に触れました。

　ニューヨークはいうまでもない大都会、すっかり“おのぼりさん”状態でしたが、ニューヨーク大学大学院教授のバーバラ・ヘッサーさんの自宅でのおもてなしは、ほっとするものがありました。その晩のお料理はラザニアでしたが、食べなれないお料理にもかかわらず、手料理の温かみのある美味しい味は今も心の中に残っています。ブロードウェイで見た「キャッツ」、あの町の雰囲気、ニューヨーク近代美術（MOMA）、カーネギーホール（入り口だけ）、町の横にあるセントラル・パーク、ティファニーの本店、観光旅行ではないはずとお叱りをいただくかもしれませんが、ある方のご好意で乗せていただいたリムジンでの送り迎えなど、まるで私の知らない世界の数日でした。また「ノードフ・ロビンズ音楽療法」（創造的音楽療法）の創始者クライブ・ロビンズの所属するセンターでの音楽療法のセッションはもちろんのこと、楽器庫など見るもの見るものすべて、もの珍しいものばかりでした。

　この間、採用になったばかりの原沢さんは、図書館で黙々と桜林先生の蔵書に印を押す作業をしながら、「なぜ大学院まで出たぼくがこのような仕事をしなければいけないのか」と、落ちこみながら作業を続けていたそうです。

3 3年目の活動

事務所の移転

　3年目となり、事務所を「ふれあい会館」に移転することになりました。講座などで皆さんが立ち寄る場所として、より便利な場所に研究所を置きたいと考え、JR西岐阜駅から循環バスもある「ふれあい会館」に移ることを希望しました。私はそれを見込んでいたわけではなかったのですが、アパートから歩いて5分のところに職場が引越して来ました。

●山口正治係長

　県の事務仕事を私たちだけではやりきれなかったので、県から職員を派遣していただくことになり、山口さんが派遣されてきました。どのように一緒に仕事をしたらよいか、彼も私も悩み、お互いに苦労の日々でした。山口係長にとっても異例の仕事で、何が正しいかも分からずに2年間を過ごしました。彼はよかれと考えていろいろな物を調達してくれたのですが、数年経ってから、裏金問題で私も含めて処分を受けることになってしまいました。しかし、彼のおかげで、だんだん県の予算に則った会計が組み立てられるようになりました。

●北村利幸係長

　次に派遣された係長・北村さんの時は、音楽療法士の報酬体系が検討され、それは後になってGMT（岐阜県音楽療法士）の報酬の基準となりました。

●細井日出男・福祉事業団理事長

　今まで何回か言及してきましたが、ここで改めて紹介させていただきます。最初お目にかかった時は、細井さんは県の高齢福祉課の部長さんでした。背は低いけど姿勢がよい、いつもニコニコした小柄な男性でした。物事をなんでも肯定的に捉え、前向きに進む方で、岐阜時代の初めの頃の私を支えてくださった大事な一人で、私が抱いていた役人の概念

を崩してくれた人でした。

　私がお酒を飲むことがわかると、よく酒の席に誘ってくださいましたが、彼は決してお酌役を私にはさせませんでした。私はズーズーしくほかの出席者と同等にお酒を酌み交し、美味しくいただいていました。ほかの会合に出るようになってから、それ（女性がお酌をしないということ）が、当然のことでないことを知りました。

　福祉事業団の理事長として、乳児から高齢者までを預かる日々は命との闘いで、大変厳しい毎日に「終止符を打ちたい」と言われ、5年ぐらい勤めたあと、鮎の養殖場の責任者になりました。私の仙台の実家に食べきれないほどの鮎を送ってくださったことがあったのですが、母は鳴瀬川という鮎がよく取れる加美郡で育ったので、それはそれは大喜びだったようです。仙台の実家の近所の方から、しばらくの間「陽子ちゃんは鵜飼いの有名な岐阜県で仕事をしているのね」とよく言われていたようです。

　細井さんはカラオケも大好きでした。ほかに絵を描いたり、かなり芸術的な方でした。そして、私たちの要望を知事にうまく伝えてくださったり、時には直接知事に会える機会を作ったりもしてくださいました。脳梗塞で半身麻痺になってからも、絵をよく描き、入選もして、最後まで努力を惜しまない方でした。私に贈ってくるお酒はいつも「女城主」でした。

ほぼ体制固まる

　県よりの派遣職員を迎え、研究員が3人、事務職も2人と、ほぼ体制の基礎ができ上がりました。1994年（平成6年）〜1998年（平成10年）の5年間は福祉事業団にお世話になりました。事業団すべての領域——乳児院、知的障害児・者のひまわり園、知的障害者支援施設みどり荘、特養——が私たちの臨床の場でした。認定を受けたGMT（岐阜県音楽療法士）はそのような施設で実践を始めました。それも福祉事業団だけ

でなく、県内、自分の近所のさまざまな施設を自分で開拓して、実践していったのです。その実行力とパワーに私は驚きつつも、いかにしたら彼らが報酬を受け取れるか、また足りない力は何かと認定後の研修を模索していきました。

　当時の雑誌には、次のような文章を載せていました。

　『音楽療法の社会参入をめざそう』（1999年3月）
　（内容の集約）
　　──私が岐阜に来て5年、1年目の課題は一般の人に音楽療法を理解していただくこと、2年目は関係者から音楽療法の効果と事例集の提示が求められ、3年目は、音楽療法は健康な人には役に立たないのかという課題が突きつけられ、自分の中でも音楽療法という枠組みを考え直すことになっていきました。
　　また、県独自での音楽療法士の認定制度の事業が現実化。その後、地方議員、国会議員、法制局などからの見学があり、そして音楽が人間の身体に与える生理的影響を研究機関や大学と協力してやるようにと指示が出されたのですが、今になってこれらを読んでみると、この事業の発達段階は岐阜に限ったことではありません。このようなことを進めていきながら、教育や出版も含めてどんどん社会進出を目指してほしい。対象者に向かうことも大事にしながら、そうではない仕事も請けてほしい。
　　また我々の仲間である音楽療法士が岐阜での講座を担当し、現場に沿った体験から出てくる話は、岐阜の受講生と私の滋養と励ましになった。中部地方にいると、アジアへも目が開かれているように思う──。

さまざまな受講生

●全盲の桝川明さん

大阪からの受講生の中に、いつもヘルパーさんを伴った参加者がいらっしゃいました。白杖を持っていたので、盲であることはわかっていました。このような障害がある人を岐阜県音楽療法士として認定してよいか多少迷いました。理事長などに相談した結果、「もしかしたら活動の範囲は限られるかも知れないけど、所定の課題を終了したら認めましょう」ということになり、桝川さんも認定式に臨みました。その後、彼は盲目の漫才師「桂福点」としてNHKのEテレにたびたび登場するようになっていました。

●大塚恵さん

　大塚さんは愛媛県松山市から参加し続けた人で、彼女にはお金も労力もかけすぎではないかと思い、数回声をかけました。しかし本人いわく、「自分がやりたいと思っているから来ているので、岐阜県が認めてくれるならこのまま続けさせてください」ということだったので、そのまま見守りました。彼女はやり遂げ、いまは四国で老人保健施設の経営者として頑張っています。

　このように努力をし続けた人を紹介していくと、紙面が足りなくなるくらいGMTの姿勢に、私は岐阜での仕事をやり続ける刺激を受け続けました。次第に岐阜県内のいろいろな会場で「健康音楽」と称した催し物を企画するようになり、私たちの実力だけでは不十分と思われるようになりました。そこで、お願したのが山上陽美さんでした。

山上陽美さんに助けられて

　山上さんとの出会いはかなり昔でした。あるとき「喜久松苑」（奥多摩にある特養老人ホーム）に、彼女が「ボランティアをさせてほしい」と訪ねてきたのです。武蔵野市の会合などで会っていたかも知れないのですが、はっきり記憶していませんでした。

　それは、私のほうに理由がありました。当時の私は至誠老人ホームをクビになり、かなり自信をなくしていた頃だったうえ、自分の音楽に対

する劣等意識が彼女に素直になれないこともあったのです。芸大を出ているのだから、こんな山奥（青梅）に来なくても、という気持ちを私は抱いていたかも知れません。

彼女は六本木のある店でピアノを弾いていたそうですが、そこに至るまでのことを後で伺うと、いろいろなことがあり、当時は泣きながらピアノに向かっていたそうです。そのお店をやめてからいろいろ考えた末、音楽療法を学ぼうと考えたようです。そして私の前に現れたのです。

彼女に最初にお願いした仕事は、讃美歌集作りでした。彼女は文句も言わず、ていねいに冊子を作ってきてくれました。また当時の私は利用者に近づくため、床にキーボードを置いて弾いていたのですが、彼女はその体勢になんの文句をいわず、たくみにキーボードを鳴らしてくれました。また季節の植物など、私の居住地区では手に入らない物を、彼女は住んでいた福生からずいぶん運んで来てくれました。あとで思えば本当にもったいないことをしていたのですが、その後は感謝しきれないほど、彼女に音楽の面で助けられることになりました。

彼女は私の岐阜行きの1年前、武蔵野市の福祉公社に就職し、それから約20年近く勤務し、定年を迎えました。定年になってから、吉祥寺で開かれたコンサートは心が震えるものでした。それは、会場の参加者ほとんどが彼女の教室（デイサービス）の受講生でした。皆さんの歌声を聞いていて、私は彼女がこの数年、本当によい仕事を積み重ねてきたということを実感しました。彼女の活動は歌のみではなく、バイオリンも取り入れていました。さすが武蔵野市、だんだん活動にのめり込んだ人はマイバイオリンを持参するようになり、お年寄りがバイオリンを抱えて歩く姿は本当に誇らしげでした。

また、歌は唱歌をはじめ、シャンソンやジャズも取り入れていました。それらの多方面の音楽家に彼女は依頼をし、そのプロ集団は武蔵野市の住民を十分に満足させていました。このプロの方たちには後に岐阜

の地域で開催するさまざまなコンサートの出演者として、大いに活躍していただくことになりました。

　地方の県は正直そんなにお金はありません。しかし、山上さんという違いの分かる人のおかげで、どれだけ本物の音楽を聴いたり、一緒に歌ったりすることができたことか。山上さんを介したいろいろな音楽関係の人材の助けがなかったら、県民の皆様も私たちを見放したかもしれません。

　少しいい気になって、名古屋の講演会を開いた時、お金がなかったこともあり、山上さんの伴奏で、私一人が楽器である「一五一会」を弾きました。やはり自分の音楽の力不足をイヤというほど感じさせられ、泣きたくなってしまいました。というのも、会場の皆さんがそのとき喜んでくださったことを私も実感できたのはミュージックベルを自分の手で鳴らした部分だけでした。この時も、ステージの後ろでマイクや音響を調整している技術者の男性が、「このピアノをこんなに鳴らしてもらえたのは久しぶりだ」と、彼女のピアノをほめていました。

　音楽療法は「一流の演奏家になりそこなった人がやること」と言われていたこともありました。たしかに、ステージ上でのすばらしい音楽が人を癒すことはあります。しかし、そうではない役割もあるように思うのです。山上さんは、ステージでも人を惹きつけるような音楽を提供してくれますが、音楽療法の場での彼女のピアノは、人をはねつけることはなく、土台のようにしっかり支えてくれるのです。その人の声域にあった音程を見つけて伴奏をしてくれるありがたさを、たぶん武蔵野市の市民は気づいていなかったかも知れません。

　彼女が伴奏するステージでは、皆さん素敵なドレスを着て、きれいにお化粧をして、生き生きと歌っています。それを精いっぱいピアノで支えている彼女がいるのです。相手がプロだろうが、素人のデイサービスのメンバーだろうが力の入れ方は同じで、むしろ素人の時のほうが、彼女は力を入れているようでした。

竹内孝仁先生の講演会

　事務所が「ふれあい会館」に引越してきてからしばらくして、竹内孝仁先生の講演会を企画しました。竹内先生が岐阜県に初めて講演に来てくださった時、私が夢中で仕事上の不満を言い続けていると、「ぼくは脱水になってしまった、まず水を飲ませてくれ」……。その後も、幾度か研究所のセミナーにも来てくださいました。

　竹内先生と「鵜飼い」を見ながら言われたことは、当時の私にとって的確な視点のあり方でした。

　「きみの仕事は、鵜の首を捕まえて、鵜が鮎を飲み込むのを見て喜んでいるだけではいけない。岐阜城が建つ金華山を背景に、ゆったり流れる長良川、そこに浮かぶ数艘の鵜飼い船、船の明かり灯、鵜匠の動き、この全体の景色を見て、自分がやるべきことを考えることだよ」と言われてしまいました。係長がどうの、ほかの女性職員がどうのこうのと不満ばかりを言っていた私にとっては、ハッとさせられた一言でした。この後、岐阜グランドホテルの最上階のレストランで食事をするたびに長良川が見える景色を見ながら、この言葉を思い出していました。

　だいぶ後に先生が岐阜での放送大学の収録にいらした時、太った私を見て、「岐阜ではずいぶん楽をした生活をしているのか？」とずばり言われてしまいました。その後はあまりお会いする機会はないのですが、今は私の住まいの近くの文京区に引越してこられたことを、年賀状で知りました。

研究所移管の話

　「音楽療法は本当に福祉領域のみでよいのかね？」と知事が言っているようだが、という話が耳に入ってくるようになりました。当時、日本音楽療法学会も国家資格を目指していたため、科学的根拠を求められ始めていました。意見を求められた私も、自分たちの実力は別として、そ

の方向に向かうべきだというように返答をした記憶がありました。かなり短時間でこのことは決定し、研究所の所管が「福祉事業団」から「科学技術振興財団」に移ることが決まっていきました。

3

科学技術振興センターに移管してから

1999年〜2010年

50歳：1999年（平成11年）　8月…国旗・国歌法成立、（日の丸・君が代）法制化
51歳：2000年（平成12年）　4月…介護保険制度スタート
52歳：2001年（平成13年）　9月…アメリカ9.11同時多発テロ
53歳：2002年（平成14年）10月…北朝鮮拉致被害者のうち5人が帰国
54歳：2003年（平成15年）　3月…イラク戦争勃発
55歳：2004年（平成16年）12月…スマトラ沖地震
56歳：2005年（平成17年）　3月…愛知万博開催
57歳：2006年（平成18年）12月…国連「障害者権利条約」採択
58歳：2007年（平成19年）　8月…多治見市で最高気温40.9度を記録
59歳：2008年（平成20年）　4月…後期高齢者医療制度開始
60歳：2009年（平成21年）　5月…裁判員制度スタート
61歳：2010年（平成22年）12月…東北新幹線、新青森まで全線開通

1 科学技術振興センターに移管

大きな方向転換

　日本音楽療法学会が「音楽療法は科学である」と方向を転換したこと
も一因でしたが、県が岐阜県音楽療法研究所の所管を変更する決断をし
ました。1999年4月（平成11年）より、「福祉事業団」から「財団法人
岐阜県研究開発財団」（理事長・館正知氏）に移管になりました。福祉領
域から、科学の領域にかわったことは、私たちの活動の方向性も大きく
変える必要があり、「エビデンス」（科学的根拠）に基づいた活動を求め
られるようになりました。

　同僚となった、科学技術振興財団の職員からは、音楽療法に関わって
いる私たちが「何を言っているのかちっともわからない」と言われてし
まいました。そして、私たちの学会にそのような職員も出席するように
なり、「きみたちは、自分でやっている活動を、自分たちでよいことだ
と評価していて話にならない」とも言われました。

理事長・館正知先生

　館正知（たち・まさとも）先生の前職は岐阜大学の学長で、専門は
「公衆衛生学」でした。館先生のお名前は「岐阜いのちの電話」の理事長
として存じてはいましたが、面識はありませんでした。先生はこの移管
に、はじめはとても面食らったようでしたが、だんだん私たちの領域に
も関心を向けていただき、とてもありがたかったです。館先生は、当時
の医学会ではそれなりに名の知れた方でした。しかし、「音楽療法のこ
とは何もわからないので、一から学ばせてほしい」とおっしゃってくだ
さいました。先生のことでとても印象に残っているのは、私たちの講演
会で、講演をお願いした時に次のような話をされたのです。

　「まず科学は間違えることもある。ぼくたちは過去に大きな過ちを犯

してきた。ハンセン病に関してで、この病気は現在では薬も開発され怖がる病気ではなくなったが、当時の患者隔離政策は間違いであった。この中にも関係者がいらしたら本当に申し訳ない」と頭を深々と下げられたのです。

　この時は、話の内容をよくつかめていませんでしたが、当時の誤った政策に関わった一人の学者として、われわれ一般の人に頭を下げられたのでした。このことは、私たち音楽療法の世界でも起こりうることとして、私の心に深く刻みこまれました。館先生は、「自分の最期はフィンランディア（シベリウス作曲の交響詩）を聞きながら、妻に手を握られて死にたい」と言われていたのですが、出張先の九州の大学で倒れて亡くなってしまいました。

2代目理事長・金城俊夫先生

　次の理事長も岐阜大学の学長だった金城俊夫先生でした。先生の専門は獣医学で、沖縄出身の小柄でニコニコなさった方でした。「音楽療法なるものは、ここで初めて聞いたので、よろしく」と手を差し伸べてくださり、ほっとした思い出があります。そのうえ、先生を試すつもりはまるでありませんでしたが、ある雑誌に研究所のことを載せるにあたり、論文でということだったので自信がなく、また県としておかしな内容では困ると思い、理事長に見ていただくことにしました。すると、とてもていねいなお手紙とともに、詳細な直しが入った原稿が戻ってきました。びっくりしたと同時に、こんなにていねいに自分の文章を見ていただいたのは、50歳後半にして初めてだったかも知れません。うれしいやら、恥かしいやら、感動の時でした。先生はたぶん今までの学者生活で多くの学生の論文をこのように指導なさっていらしたのだろうな、と目がしらが熱くなる思いでした。「まず、自分のような者にできることかどうかわからないが」と言いながら下記のような文章が戻ってきたのです。

「若干気なるところもありましたので、指摘させていただきます。もちろん、掲載雑誌が専門の学会誌などであれば、私のような専門外の者が理解できなくても問題はありませんが、そうでなく、もう少し一般的な準専門誌であれば、私に理解できる程度に専門用語も使われるといいと思います。私の勉強不足、誤解に基づくところも多かろうと思いますし、越権の謗（そし）りを免れませんが、素人の指摘として読んでください」。さらに、「当研究所が組織上県の科学技術振興センター所管の財団法人岐阜県研究開発財団に所属しているため、各種の研究会などには、両機関から専門の異なる技術系及び事務系職員の参加を求め質疑討論に加わってもらっている。専門外の立場から貴重な意見がもらえるメリットのほかに、専門外の方々に音楽療法の重要性、必要性を理解してもらう機会になっている（中略）」。そして最後に、「何よりもこの研修後研修を支えているのは、地域に根差した岐阜県音楽療法研究所の存在だけでなく、そこに派遣されている県職員、さらに研究所が所属しているいわゆるサポーターが認定後研修の必要性を認め、組織的、継続的に取り組むシステムを作り、セラピストを支え、育成していくための基盤形成に大きく貢献していることを付け加えておきたい」と書いてくださいました。

　私が傲慢だったのか、音楽療法の世界ではこのような指導の足りなさを感じつつも、先輩からそうした指導を受けたこともなく、このような支援の足りなさを今ごろになって痛感しました。GMTにも申し訳なく思いました。そして3代目の理事長は、私たちには見向きもしませんでした。

知事交代

　2005年2月6日、岐阜県知事が梶原拓氏から古田肇氏に代わり、政策もガラガラと変わっていきました。私の退職時期も近かったので、こちらも期待を持ちませんでした。3人の理事長のもとで事業を展開しまし

たが、前向きな刺激をいただいた理事長（館先生、金城先生）には感謝でいっぱいです。そして私の中では、この事業の終結も心をよぎるようになりました。

理事長が代わる度に、取り巻く人もすっかり代わっていきました。会議はすべて男性だけとなり、細井さんのように私を女性として気遣うような人はいませんでした。この財団の研究員は皆さんそれなりの大学を出て、科学的テーマをもって研究している人たちでした。

岐阜県音楽療法士：科学に目覚める

はじめの頃は、そうした研究員は「音楽を研究するって、そんなことできるの？」という感じでした。一方、苦労しながら薬学の修士を卒業したある人は、「GMT（岐阜県音楽療法士）もやればできる」と繰り返し力説していました。その言葉に大いに刺激を受けたのが、GMTの一人、奥村由香さんでした。

財団でトマトなど野菜の研究をしていた人に、私が何かのお礼として大根おろし器を贈ったら、日頃見たこともないような笑顔で喜んでくださったり、飲み会でいろいろ話すうちに、研究員と少しずつ打ち解けていきました。だんだん県の研究員と親しくなるうち、研究発表会のたびに、飲み会のたびに、少しずつ私たちの足りない部分を指摘してくれるようになりました。

●小栗啓茂さん

小栗さんは県派遣の音楽療法研究所の職員で、GMTのパソコン力を補ってくれました。はじめはあまりに何も知らない私たちに呆れていたのかも知れませんが、本当にお世話になりました。彼のおかげで、どれだけGMTの「プレゼン力」がアップしたことか。それを補うように、国立音楽大学の図書館の司書・屋部操さんにも幾度か研修会を開いていただき、外の図書館とつながる方法などを教えていただきました。

音楽療法国際フォーラム岐阜

　この財団から感心されたことが、一つだけありました。それは2000年11月3～5日に長良川国際会議場で開催された「長良川国際音楽療法セミナー　音楽療法国際フォーラム岐阜」大会のことです。通常の県の企画ではなかなか満席にならない国際会議場に人があふれんばかりでした。その熱気に大野副理事長（科学技術センター）は「びっくりした」と言われました。この大会は県の幹部に日本の音楽療法のパワーをおみせできた大きな機会でした。

　大会も終わり、日常に戻ると、私たちの発表会の内容に視線が集まるようになりました。そして、ほかの研究機関からの参加もあり、批評もいただくようになりました。しかし、次第に私自身の実力では限界を感じるようになっていたことと、知事が代わることで、政策の中心がどんどん変わっていったことなどで、この事業の「終わり」を考えるようになってきました。

刺激をいただいた医療者

●松波英一先生

　松波先生は大きな病院の経営者で、私にパイプオルガンを弾くことを希望されたため、バッハの「トッカータニ短調」を弾くことになりました。そして、その後も民間人として学会のたびに多大な財政的支援をしてくださいました。

●山田實紘先生

　山田先生とは研究所設立の段階から委員としてご一緒しました。先生は脳神経外科の病院を経営しており、常勤の音楽療法士（GMT：奥村由香、加藤玲子）2名を雇用。国内外の学会などに2人の発表を薦め、医療の中で音楽療法士として一つの領域を実践している2人のバックボーンとなっています。

●奥村歩先生

　奥村先生は、奥村由香さんや吉安育美さんを育ててくださった脳神経外科医です。はじめは「木沢記念病院」に勤務していましたが、岐阜駅前に開業。「患者さんが来るかどうか心配だ」と言われていたのですが、「開業してみると、世の中にはどうしてこんなに病む人が多いのか」と心を痛めていました。認知症学会専門医でMCI（軽度認知障害）の場合は、音楽や運動を生活の中に積極的に取り入れることを提唱していました。最近では、だらだらしたゲーム遊びがいかに若い人の脳をダメにしていくかなど、テレビに時々登場する脳の専門医です。現在は駅前の診療所では手狭になったため、別の場所に移っています。

刺激を頂いた他職の方々

●田口道治さん

　田口さんは社会福祉法人「あゆみの家」（岐阜県大垣市の知的障害児・者の総合施設）の施設長で、創立者のジョン・ボーマン宣教師のもとで施設運営に当たっていたお一人でした。私たちに広く実践現場を提供してくださり、行事の度に地域の人をはじめとして、私たちを快く招き入れてくださいました。県のコンサートホール・サラマンカホールでの「あゆみの家」の入所者や家族による「風になりたい」は見事なステージでした。

●小峠賢治さん

　飛騨地域福祉事務所に勤務の小峠さんは、岐阜全域の福祉関係の人から頼られていたお一人で、飛騨に行くとよく地域の人とお酒を交わすのですが、彼のおかげで私の飛騨地区の人脈がどれだけ広がったことかわかりません。小峠さんを最初に紹介してくれたのは、寿楽苑の事務局長・近藤貢さんでした。この方とは約2年ぐらいしかお付き合いはありませんでしたが、初めて岐阜に行った頃に心を割って話せる数少ない人の一人でした。が、はやくに病気で他界してしまわれました。

●中切智子さん

　中切さんは県の職員で、考え方の点で大きな刺激をいただいたのですが、私たちの頭が追いついていきませんでした。音楽療法士ではないのですが、社会と行政とGMTを大きな視点で見ていてくれていたお一人でした。彼女たちが作った音楽利用目的によるマニュアルのような表は見事なものでしたが、残念ながら私たちがうまく生かすことができませんでした。

●堀部篤子さん

　堀部さんはセミナーなどに必ず参加し、感想を手紙などで知らせ続けてくれた人です。陰で支えてくださったお一人でした。

●於久田秀孝さん

　於久田さんは県の係長で、私が持っている県職員のイメージを大きく変えてくれた人です。研究所に移動直後、「岐阜県音楽療法士（GMT）の認定式はサラマンカホールを借りて、所長がパイプオルガンを弾いて大々的に行ないましょう」という提案をしてきたのです。その提案に驚いたものの、「ここでもやってよいのだ」と私までその気になり、たしか認定式までは1ヶ月もなかったと思うのですが、慌ててパイプオルガンの練習に励みました。学校の式典でもよくオルガンを弾いていたことを思い出し、ちょっとうれしくもなっていました。また、彼からは研究所職員を大事にすることを教えられました。職員の福利厚生を見直したことで、所内の活気が変わってきたのです。非常勤も含めて、自費ではありますが北海道に旅行に行ったり、ボーリング大会を企画したりしました。遊びのみではなく、県庁内にいかに私たちのやっていることがわかるように伝えることにも尽力してくれました。

　於久田係長が他に移動になって、次に配属された係長は、「岐阜県音楽療法士はたいしたお金ももらえていないのに、皆、生き生きと生活している。自分もそのような生き方をしたい」と言って、県職を辞めてしまったのです。「門間さんは何で彼をいじめたの？」と聞かれたのです

が、彼が言っていたその言葉を思い出し、それはそれでよいのではと思いました。

大学の取り組み

●神戸女学院大学音楽学科

アウトリーチで音楽を届ける取り組みを始めました。この取り組みは、利用者の元に音楽家が伺い、その人たちが必要とする音楽を提供したり、場合によっては一緒に音楽をやるのです。

●宮城学院

リエゾンで音楽と人を結ぶ取り組みを始めました。アウトリーチとリエゾン ── この二つは基本的な姿勢が大きく違っているのです。残念ながら、宮城学院のやり方では音楽をする人と聴く人の間には溝があります。ステージと客席ほどは離れてはいませんが、リエゾンはつなぐまではいっていません。しかし、このような演奏家のあり方が今後広がるとよいなと思いました。

忘れられない人たち

●エルトバ・ビエラさん

ビエラさんは私と同じ頃に岐阜にいらしたチェコ人のバイオリニストで、音楽にとても厳しい人でした。しかし、その演奏は生きたバイオリンでした。私と同じように県内中バイオリンを抱えて飛び回っている音楽による国際交流員の一人でした。

私が幾度か入院をした時、スイカを1センチ角に切って持って来てくれたので、彼女にバイオリンをリクエストしたところ（病院に了解を得て）、病室で弾いてくれました。それを聞いた婦長さんが「ひとり占めにしてずるい、ほかの患者さんにも聞かせてほしい」ということにな

り、ちょっとしたコンサートが開かれました。談話室のようなところが満杯になるくらいの参加者があり、院長はじめ皆さんに喜んでいただいたようです。

●永六輔さん

　永六輔さんとは「音楽療法学会」の奈良大会の時、初めてお目にかかりました。松井先生が着姿で現れたら「ぼくは松井先生に負けたよ」とおっしゃっていました。その後、県の行事で幾度か岐阜県にも足を運んでくださいました。その時の舞台衣装はハッピ姿などで、永さんの背広姿はほとんどみたことはありませんでした（ちなみに奈良大会では派手な模様の背広姿でした）。「服装はその人の仕事を現す。だからその人を現す姿で登場するのがわかりやすい」という主張でした。

　年1回、郡上八幡のお寺で開かれる寄席の控え室で幾度がお目にかかりました。そのような時はだいたい県からのお願いごとがあり、それを私に言わせるというパターンでした。永さんはそのような裏もわかりながら、私を困らせることなく、話を聞いてくださいました。そのうち「きみが嫌う○○さんのような人は、世の中では必要な人」など、私の視点の狭さをそれとなく指摘してくれたり、岐阜県の音楽療法の取り組みをマスコミに広げてくださるなど、私もずいぶん助けていただきました。

　私は聞いていないのですが、永六輔さんがラジオ番組で、岐阜県の音楽療法の取り組みを紹介した中で、「皆さんが取り組まないおもしろい仕事をしている人がいる」と私のことに言及したようで、それを聞いたかつての宮城学院の卒業生が教えてくれました。永さんは東日本の震災後もご自分の麻痺した身体に喝を入れるようにして、仙台の長町の避難所を訪ねてくださいました。多くの取り巻きの人がいらしたので、私は名乗り出ることはしませんでしたが、病気をしてからも彼のサービス精神は衰えてはいませんでした。

●大下大圓さん

　大下さんは千光寺の住職で、生と死、瞑想などで教えられることが多い人で、岐阜県の人としてマスコミにも時々載っています。彼はそれなりの地位のある住職であったにもかかわらず、県の認定の研修を皆さんと同様に受けてGMT（岐阜県音楽療法士）を取得しました。そして飛騨地区で核になる働きをしてくださいました。

●阿部俊子さん

　阿部さん（現在は岡山選出の衆議院議員）は宮城学院高校・短大の家政学部を卒業したのち、准看護師の資格をとり、病院で働き、正看護師になってからアメリカに留学。帰国後の経緯は十分わかりませんが、黒川由紀子さんの「回想法」の勉強会で再会し、その後、岐阜でも講座を担当していただきました。看護師の領域と地位を確立することを、看護の人たちと協力して進めていった一人です。私が静かな教員だったという印象のもとに、「あの門間先生が……」と、研究所の仕事をほめてくれたり、時には皆が一体となって組織でぶつかる必要性の大事さも教えてくれました。当時の音楽療法学会はバラバラでしたから……。

長良川国際音楽療法セミナー

　「長良川国際音楽療法セミナー」は、規模の大小こそありましたが、1996年（平成8年）から毎年開催されました。セミナーの名称は福祉事業団時代の理事長であった細井氏による命名でした。初めの頃は、カンザス大学のクレア先生やコロラド大学のタウト先生、そして岐阜県の姉妹都市であるユタ州からサパーストン先生、ヨーク先生をお呼びしてセミナーを開催したこともありました。

●河合隼雄氏

　一番印象深かった回は、10回目の文化庁長官時代の河合隼雄氏を迎えての大会でした。大会全体のテーマは「臨床の知」、そして長官の偉ぶることのない、分かりやすい講演は会場の皆様を惹きつけました。こ

の講演を依頼するために上京した時は文科省の建物が改築中だったので、丸の内の仮の長官室を於久田係長と訪ねました。その時に、河合先生が出された条件が「いつも一緒に仕事をしている女性2人を連れて行ってよいか？」ということでした。一瞬、私はそのことを理解しかねていましたが、係長から「かまいませんよ」と言われ、とんとん拍子に話が進んでいきました。

河合先生は日頃から特別活動と称して、毎朝、職員とフルートの合奏を練習なさっていることを知りました。セミナーでお話だけでなく、音楽も聴けるなんて、それはそれは願ってもないことでした。その出張の帰り、私は久しぶりで心が弾んでいました。

セミナー当日、先生のソロのフルートと、2人の女性職員と河合先生の3人の合奏は、あの大きな長良川ホールいっぱいに響きわたりました。お話は先生の若い頃の失敗談に始まり、「学問ではいろいろ言っているが、われわれはクライエントから教わることがどれだけ多いか、だから、クライエントの話をよく聞きなさい」というお話でした。

岐阜に関しては「報告書」を残してあるので、それを見るといくらでも書きたいことが出てくるのですが、「私が刺激を受けた人」ということに絞ると、それほどは多くないのです。思い返すに、岐阜時代は、それまで私にいろいろな人が入れてくださった知識や刺激を吐き出していた期間だったのかも知れません。

河合先生の話を伺いながら、音楽療法の領域も、臨床をしながら私たちが刺激を受け、考え、相手に返していくということが必要だったと思い至りました。この行為を継続していなかった自分が枯渇していたのかも知れません。「療法士を育てるには」という点では、多くのGMTから刺激をもらっていました。岐阜に関して、自分ではもっともっと書くことが多いと思っていましたが、意外と沸いてこないのでした。その原因の一つには、この事業の縮小に県が動き始め、周りの人の働きかけが変わったことも大きかったかと思います。

2 研究所閉鎖の予兆

●大野嘉弘氏

大野さんは、止まらない涙を流す私をどうしてよいかとても困ったと思うのですが、知事が代わった後の県の人の力関係を説明しながら私を送り出してくださいました。県という大きな組織は、私には分かりかねる部分がたくさんあることを思い知った最後でした。

●越智和雄氏

越智さんは「日本音楽療法学会」事務局長で、私が岐阜県音楽療法研究所を辞めるにあたっては微妙なことがたくさんあるので詳しくは書けませんが、このへんを何も言わずにも分かってくださったのが彼だけでした。社会性のない学会員の運営に苦労なさったと思います。研究所を運営する立場にあった私はとても助けていただいた人でした。

岐阜県音楽療法研究所の事業を振り返って

県民の皆さんの力を借りながら展開してきたこの事業を少し振り返ってみたいと思います。

幾人かのGMTから、「自分のような普通のおばさんが、このような活動ができるようになったのは、研究所のおかげ」と言われました。福祉事業団の細井理事長から、岐阜に来た初めの頃に「一人の特別な人がいるだけではこの事業は成り立たない」と言われたことを、今さらのように思い出しました。

GMTの多くは、卓越した音楽の技術を持っている人はほんの一握り、多くの人が「かつてピアノを習っていた」「何かピアノを生かせないかと思っていたが、まわりにもっと上手な人がいたからあきらめ、音楽の世界からは離れていた」「音楽と何の関係もない大学を出て、結婚し、子供が生まれたら障害を持つ子供を育てざるを得なかった」「仕事をしている現場で、少しだけ音楽ができる自分が重宝された」「もっ

と音楽ができるようになりたい」「親が年をとり、認知症の症状も出てきた。世間では音楽が有効と聞いたので学びたいと思った」などなど……。それぞれの人にさまざまな研修目的がありました。また、岐阜県は大変広い地域を抱えていました。その県内にGMTを行き渡らせるために、本当に岐阜県の奥地まで研修会に向かいました。その地まで私たちが出向くように刺激したのは、その地の誰かが岐阜市まで研修に出向いてくれたからでした。

関係冊子などで紹介された岐阜県音楽療法士

●奥村由香さん

　奥村由香さんは研究所の初めの頃のGMTでした。2、3歳の子供を連れて研修に参加していました。研究所の職員として数年勤めた後、福祉事業団の中で知的障害児と関わり、「木沢記念病院」で常勤の音楽療法士になりました。交通事故による「遷延性意識障害」の青年との関わりで、彼の反応を音楽を使って引き出して行く過程は『音楽で脳はここまで再生する』(人間と歴史社、2008年)の中に記されています。すべて知らないことばかりの中で、他の職種にいろいろ教わりながら加藤玲子さんと一緒に音楽でしかやれない領域を確立しつつあります。

●松原千恵子さん

　松原さんは看護師ではあったのですが、音楽の技術がないことでいつも引っ込みがちの存在でした。しかし、福祉事業団の理事長からは「このような人を大事に育ててほしい」と言われていました。地域で音楽療法が広がってからは「ALS」(筋萎縮性側索硬化症)などの患者さんとの関わりが増え、現場ではどうしても必要な人になっていきました。

●高野郁子さん

　高野さんは自分のお子さんが障害を持ちつつも、校長先生やPTAの親などを巻き込みながら、地域での理解を広めていったお一人です。

岐阜県音楽療法士協会の設立

　この間に、GMT は自分たちの協会（岐阜県音楽療法士協会）を設立しました。初代の会長は鵜飼久美子さんでした。日野原先生をお招きして、サラマンカホールで発足式を開催しました。会が発足した後は、自分たちで研修会や親睦会を企画、総会を開けるまでになりました。鵜飼さん、井手律子さん、英（はなぶさ）さんと、数年ごとに会長は代わりましたが、現在も続いています。ちなみに事務所は県関係のいろいろな団体が入っている建物の中に置かれています。

音楽療法学会をバックアップしてくださった方々

　以下の方々は岐阜時代、「音楽療法学会」をバックアップしてくださった方々で、私にとっては大きな刺激をいただいていた方々でした。

●篠田知璋先生

　「日本音楽療法学会」常任理事の篠田先生は、初代理事長・日野原先生のよき秘書役を果たされていました。「岐阜県知事のような提案には学会として感謝の意を表明しなければ」と言ってくださった唯一の先生でしたが、病気で突然亡くなられてしまいました（2003年）。

●沢たまきさん

　沢さんは公明党の議員（参議院）として音楽療法の「国家資格」に奔走、多方面から私たちの業界を支援してくださいました。彼女も突然この世を去ってしまいました（2003年）。

●齋藤十朗氏

　齋藤氏は三重県選出の参議院議員で、国家資格一歩手前まで動いてくだった方です。学会内部の人の反対で頓挫。私も国家資格はたしかに「われわれの業界には早すぎる」と、心の中では思っていました。しかしここまで推し進める力をもった方がいらっしゃるなら、お願いしたいと思いました。

　この方々が、道を作ってくださるなら、私たちの役割はそこを走らせ

る車を作っていくことと考え、幾度か議員会館にも足を運びましたが、学会内の意見が一致せず、皆の力を結集して目的を達成することはできませんでした。

●村木厚子氏

　村木氏は厚労省の役人で、岐阜の科学技術振興センター所長の本間氏と一緒に、岐阜県として国家資格の必要性を話しに出向きました。しかし、私の本音は「まだ早すぎる」という思いも分かってくださったように思う人でした。

●羽田孜（つとむ）氏

　羽田元総理とは原宿のヘアサロンで出会ったのですが、障害者のピアノコンサートを企画したり、私たちの活動に協力的だった人でした。国家資格にも協力的で、息子（羽田雄一郎）さんがその考えを引き継いでいたにも関わらず、その息子さんは新型コロナに感染し、あっという間に亡くなってしまいました（2020年）。

●山田美代子さん

　彼女は静岡英和学院大学の仕事をしながら、地域の方々と合唱団を結成。それはOTの河本のぞみさんとの共働の合唱団でした。障害をかかえた地域の高齢者等の外出の場として合唱を行なっていました。岐阜の職員と数回、私たちも参加させてもらいました。とても自然に歌う楽しい会でした。

桜林先生と姪御さん（1988年ころ）

第6回音楽療法長良川セミナー

岐阜県音楽療法研究所の関係者

文化庁長官の河合隼雄氏と

定年時に GMT の皆さんと

第三部

音楽療法以外での音楽とのかかわり

1

岐阜県の仕事を辞めてから

東京と仙台往復の日々

（2010年〜）

62歳：2011年（平成23年）　3月…東日本大震災
63歳：2012年（平成24年）10月…山中伸弥ノーベル生理学・医学賞受賞
64歳：2013年（平成25年）10月…消費税5％から8％に引き上げられる
65歳：2014年（平成26年）　9月…岐阜長野県境の御岳山噴火
66歳：2015年（平成27年）　6月…中国が「一人っ子政策」を廃止
67歳：2016年（平成28年）　7月…知的障害者福祉施設やまゆり園で殺害事件
68歳：2017年（平成29年）　1月…トランプ米大統領就任
69歳：2018年（平成30年）　6月…オウム真理教死刑囚7人の刑執行
70歳：2019年（令和元年　）4月…新元号を「令和」と発表、明仁天皇退位
71歳：2020年（令和2年　）4月…コロナ感染拡大、緊急事態宣言発令
72歳：2021年（令和3年）　7月…東京五輪開催
73歳：2022年（令和4年　）7月…安倍元首相が撃たれ死亡

1 再び東京に戻って

教会生活を取り戻す

　岐阜県では「仕事に宗教を持ち込まない」という約束事がありました。東京に戻ってきた私は神田三崎町に居を構え、飯田橋の「富士見町教会」に行きだしました。この教会に初めて行ったのは35歳頃で、自分の所属教会は仙台の「広瀬河畔教会」でした。

　ある電話相談を担当していた頃から、夜勤が終わった朝が日曜だとすると、飯田橋駅途中にあるこの教会の門をついくぐってしまいました。この電話相談は重い気持ちになることがしばしばでした。教会の牧師の話はほとんど覚えていないのですが、讃美歌を歌って少し心を軽くして、家に帰ったものでした。

　東京での生活が落ち着いてから、仙台広瀬河畔教会の牧師である望月修先生に教会のことを相談したところ、「住居から近いところにきちんと籍を移したほうがよい」とアドバイスをいただき、さっそく手続きを取ったものの、富士見町教会からなかなか返事が来ませんでした。教会の事情があったようですが、「なにか悪いことをしたのですか？」と、望月先生にも心配をかけてしまいました。

　やっと移籍が無事終了して迎えたクリスマスは、満席に近い状態でした。時間ぎりぎりで私のとなりに高齢の方が座られました。その方が小林智子さんでした。讃美歌の歌い方を聴いて、「もしや仙台にいらしたことがありますか？」と尋ねると、「早川牧場（仙台では名家でここのお嬢さんに私たちは音楽を教わっていました）にお世話になっていて、宮城女学校に通っていたのよ」と伺い、びっくり。お互い自己紹介をすると、「川向こうの金持ちの門間さん？」「いや、違うわよね」と彼女のほうから否定されてしまったので、何も言えませんでした。私の祖父・門間猛さんのことを言っているとすぐわかりましたが、その会話はそこ

まで。そしてその後は小林さんと教会でお目にかかることはありません
でした。高齢のため教会に通うのは困難になったそうです。その後はお
手紙のやり取りや電話を続けています。

　その教会の活動の一つである社会生活委員会が主催した講演会で、群
馬県の鈴木育三先生に出会いました。先生は社会福祉法人「新生会」施
設に所属する牧師で、この施設の総元締めが原慶子氏でした。原さんに
は東京音大の聴講生時代に施設を見学させていただいていました。この
お二人が、私に過去を振り返らせ、知らず知らずに出会って刺激を受け
た人に感謝をしたいという気持ちを呼び起こしたのでした。

　講演の中で先生が引用された、『夕暮れになっても光はある』（絵・土
田セイ、文・林富美子）は、回生堂病院の院長からいただきました。私
の文章「夕暮れのあかりだ」のヒントになった本でした。

（ゆ）ゆったり

（う）動く

（ぐ）グループワーク

（れ）レミニッセン（回想）で

（の）乗りを、

（あ）安心した場で

（か）感情をゆすり

（り）リハビリに励む

（だ）誰もが迎えるターミナル……

　鈴木先生は、テレビでみた認知症研究の第一人者・長谷川和夫先生の
ことも話されていました。「昨夜のテレビによると、長谷川先生はご自
身が認知症になって、どれだけ家内に支えられてきたことか、力を貸し
てくれる人は身近な人、今の自分を理解してくれる人が同伴者、そして
決してあなたを忘れないと」……。この話を聞きながら、あー私は学校
を離れ、音楽療法という世界に足を踏み入れた始めの頃、たくさんの先

生方にお目にかかって刺激を受けてきたこと、長谷川先生にも出会ってきたことを思い出していました。

　こうして昔のように教会に行きだしたものの、賛美歌がすっかり変わっていました。メロディーは同じものも多いのですが、歌詞が違うのです。それは私にとっては大問題でした。「教会で何かできることは？」と申し出たものの、オルガンを弾くくらいしかないと思ったのは大変浅はかな考えでした。夕礼拝でリードオルガンを弾き出したものの、30年近くリードオルガンは弾いていなかったので、指もペダルを踏む足も思うように動いてくれませんでした。

　そして時々、先輩のオルガン奏者から「ペダルの踏み方がうるさい」と注意を受けたり、何かと緊張の連続でした。だんだん夜の外出にも困難を覚えるようになり、昼間の礼拝に代わってもらうことにしました。教会員の中には、かつて私が数年かかってやっと弾けるようになったパイプオルガンを1〜2年でほぼ完璧に足も付けて弾くような人がいたのです。このような人は芸大などにはたくさんいるのだそうですが、周りの人は引いていかざるを得ない気持ちになります。

　このとき自分の中に起こってきたのは、音楽療法は一流の演奏家のなりそこないの人がやることとして、「芸大では音楽療法は広まらなかった」という桜林先生の言葉でした。そして幾度か耳にした負け犬のような挫折感情でした。もっとも自分自身のことを考えると、この挫折感はとうの昔から味わっていましたし、初めから一流の演奏家を目指したことはありませんでした。しかし、音楽とこのような関係でいることを良しとは思いませんでした。

　だんだんオルガンにも慣れ、「静かに祈る時はオルガンがあると気持ちが落ち着いて祈ることができる」と、私を励ましてくださる方もいらして、昼の礼拝の時間を出席者と共に大事にしていこうと思っていた矢先、身に覚えのないことをいろいろ言われ、やる気をそがれてしまいました。現在、日曜の礼拝はすべて一人の方が毎週弾いているのですが、

それはそれですばらしいことという考えもあるでしょうが、なんかヘンと思いつつ、この1年は昼礼拝を時々弾いてきました。村井靖児先生のお母様が音楽を学んだ時代は、「讃美歌をいろいろな形で使っていた」とお母様の自叙伝のようなものに書かれていたことや、讃美歌がいろいろな場で私を助け、刺激を与えてくれたことを思い出しています。

●山崎暁さん

　少し話は前後しますが、私は「岐阜」を辞めたあとは都内に住むことを考え、かつて住んでいた吉祥寺の不動産屋を訪ねたのです。そこで出会った山崎暁さん（ピタットハウス・吉祥寺店長）は「吉祥寺に住みたい」と言う私に、最終的に水道橋を紹介してくれたのです。このことが、どれだけそれ以降の私の活動範囲の拡大につながったことか。この山崎さんのおかげで、腰の重い私の行動範囲がさらに広がっていったのでした。

　この小さな出来事からも、相手の望むことが本当の目標かどうか考えてみる必要があることを実感させられました。彼は約1ヶ月、私と行動を共にしながら、私の生活や仕事・友人を把握していったようです。

　東京駅、羽田空港、霞ヶ関（厚労省、文科省）、そして文京区の友人の家に行くことが多いことを把握した彼は、漠然と私が住みたいという吉祥寺や多くの人があこがれる港区や品川、新宿ではなく「飯田橋」を提案してきたのです。あとで思えば、本当に飯田橋が私の行動範囲にピッタリしていたことがわかりました。しかし適当な物件がなく、範囲を広げて神田三崎町になったのです。

　彼は江戸川区に「老人施設」を企画したそうですが、それを見た老人施設の経営者や建築設計者が、「これは職員と入所者両方のことを考えて造られた施設だ」と感心していました。その後しばらくして、不動産会社を辞め、沖縄で起業を目指す若い人の支援をしているようですが、沖縄の音楽療法の状況もすでに把握していました。なかなか前進的な人でした。

2 ヘルパーの研修と介護の実践

ヘルパー研修

　東京へ戻って荷物整理も終らないうちに、妹から「失業保険はもらったの？」と聞かれました。私は「定年で辞めた人ももらえるの？」という認識でした。電話で問い合わせると、今後も働く意志があるか問われました。正直、やっと仕事から解放されホットしていたところで、あまり働く意欲は大きくありませんでした。

　家から歩いて行ける範囲に、ハローワーク（飯田橋）があったので、出向いてみると、若い人がたくさん来ていました。面接で、働く意欲を幾度も確かめられているうち、ヘルパーの研修を無料で受けられるなら、受けてみようと思うようになりました。なにしろ、かつて勉強してみたいと思って調べた時は、研修費用がたしか12〜15万円もしていたのです。

　さっそく手続きをして、新宿の「三幸福祉専門学校」に通い始めました。クラスの3分の1は男性で、かなり真剣に研修に取り組んでいました。テキストは10冊ぐらいあって、それは約1万円で各自が購入することになっていました。現役の消防士さんなどもいました。今後のことを考えて研修を受けに来たそうでした。

　技術的なこと以外は、それほど目新しい内容ではなかったのですが、教授陣の連携が取れていることや教えるべき内容がきちんと整理されていて、どの先生がいらしても、途中からでも、私たちが戸惑うことなく授業が進められていくことに感心しました。また、どの先生も、受講生を大事にしていることを感じました。たぶんそれは「ヘルパー」という対人関係の専門家を育てていくうえで、大事にしている基本姿勢と思われました。

　ある先生が、「ここで教わることは基本中の基本、あとは一人ひとり

の対象者で異なっているので、ここでは広く浅く学んでほしい」と言っていましたが、そのとおりでした。また、介護に携わる人は自己管理が大事で、「自分の身体を大事にできない人は他人の身体を大事にはできない」と言われ、岐阜で初めの頃に福祉事業団でお世話になった内科の先生が同じことを力説されていたことを思い出してしまいました。いろいろ勉強していくと、「物事が客観的に見られるようになる」「いろいろ知識を持つことは、前もって予測をして、準備対処できるようになる」「仲間うちでの経験を話し合うことは、ケースの場数を増やすことになる」「人が出している信号に気づいてあげる感性が大事」「自分のことの開示は必要以上に行なわなくてよい」ことなどが分かりました。講師の先生方は「それなり」という言葉をよく使っていました。

ヘルパーの実習

スクールでの研修を終えて、「施設実習」に出ました。久しぶりの現場に緊張しました。施設実習は、車椅子を押してエレベーターで階を移動することが最初でした。自分は慣れているという気持ちがあったからでしょうか、私のいろいろな粗雑さを指摘されました。以前働いていたパレスなどで、常に4人をエレベーターで移動していたのですが、その時の利用者に「ごめんなさい」を言いたいような気持ちでした。

デイサービスでは、皆さんと一緒にダーツのようなゲームをしたのですが、私の矢はちっとも的に当たらず、皆さんから「どうしたの？　どこか具合でも悪いの？」と心配される始末で、我ながら情けなくなりました。わざと負けをしたのではないのですが、皆さんの応援には応えることができませんでした。

ヘルパーとして働き始める

あと少しで研修が終わるというところで「東日本大震災」が起こりましたが、どうやら研修を終えて、今度は働く事業所（ヘルパーステー

ション）を探しました。自宅から5分ほどの「ケアワーク千代田」にお世話になることにして、ハローワークからの書類と履歴書を持って、出かけていきました。

オリエンテーションのあと、事務所の責任者と初めてのお宅に伺いました。依頼者のTKさんは名前ではなく、「おかあさん」と呼んでほしいなど、お家の中の掃除のやり方も含めて、いろいろ伺いました。基本は「家事援助」ということでした。ある日、次のようにデイサービスの様子を話してくださいました。「敬老の日は誰かがきて歌を歌ってくれたのですが、聴いているのも疲れるものよ」……と。

「あなたは休みの日は何をしているの？」と聞かれたので、「東京ドーム付近や北の丸公園の散歩ぐらいですよ」というと、彼女は「わたしは昔、飯田橋から銀座、竹橋、有楽町までも歩いたものよ」と話してくださいました。デイサービスでもらった歌詞を見ながら、「丘を越えて」や「東京行進曲」を一緒に歌ったりもしました。これはルール違反だったのかも知れないのですが、「弁松」（べんまつ）のお弁当を買って来て欲しいと言われて、デパートに買いに行ったことがありました。私が「弁松」を知らないことに驚いていました。のちに、ある一定の年齢の人の中では、味がしっかりついていて、人気のお弁当であることを知りました。

事務所で開かれる会議に出席すると1200円、移動手当ては600円、家事援助は30分800円が支給されるというのが、だいたいの金額でした（平成25・26年当時）。のちに家事援助の単位時間は30分が20分に短縮になり、料金も改定になったようです。仕事の内容は、家事援助（洗濯、洗濯干し、室内の片づけ、ごみだし、新聞の片づけなど）、身体介護（足浴、身体を拭く、オムツ交換など）、病院の付き添い、退院のお手伝い、利用者の希望による買い物、おまかせプラン（同窓会の送り迎え、窓ふき、冷蔵庫の整理などは介護保険とは別料金体系のお手伝い）などでした。

個人宅の玄関をくぐるまでは知りませんでしたが、私の居住地区近くの神保町界隈にあるペンシルビルの最上階にはそのビルのオーナーが住んでいて、多くは80歳を過ぎていました。地上の生活がどうなっているのか知らない、だから外部からの訪問者はある意味「外の風」を持っていくことが期待されていて、興味深く歓迎であったようでした。ある方は、「自分がこの部屋で聞く音は下の道路を走る救急車のサイレンの音ばかり。この通りは近くに病院が多いから仕方がないけど」と笑っていました。はじめからはできませんでしたが、ヘルパーとしての仕事に慣れてきてからは、「今日はこんな歌を歌おうかナー」などと考えるようにもなりました。

　ある人の付き添いで病院に行くと、「60分待ち」と言われました。一緒に手遊びをしたりして時間を過ごしましたが、「この104歳の人を車椅子に座らせたままそんなに待たせるのですか？」と、思わず看護師さんに言ってしまいました。このズーズーしさはどこから出てきたのでしょう。看護師さんが機転を利かせてくれて、「では診察の前に、別なところで検査をしましょう」と、別な入り口からうまく診察室に連れて行ってくれたこともありました。ほかの患者さんの手前、特別扱いは難しいとのこと。でもおかげさまで短時間で病院の診察は済んで、帰りは満開の桜を見るゆとりがあるうちに帰ってくることができたこともありました。

　ある日、ほかのヘルパーのピンチヒッターとして伺ったお家で、基本はおばあさんの食事づくりだったのですが、精神障害の息子さんとほかにも2人ぐらいいらしたと記憶していますが、その家族の昼食を作ることが私の役割でした。材料がいろいろある状況ではありませんでした。何を作ったかも忘れてしまいましたが、皆さんが食べ終わって、後片づけをして、ホッとして帰って来ました。そのとき忘れ物をよくする行動癖がここでも出てきてしまい、メガネを忘れてきてしまいました。しばらくしてその息子さんが、ステーションにわざわざメガネを届けてく

れたのです。そして「美味しいお料理ありがとう」とお礼を言って帰りましたよと、ステーションの人に言われました。皆さんにとっては普通のことでしょうが、日頃は一人か二人分ぐらいの料理しかし作っていない、しかも材料もそろっていない、そしてその息子さんが私をじーっと見ているところで料理をするのは私にとって大変なことでしたが、その息子さんの「美味しかった」という言葉に救われた思いでした。

　次々と利用者の家を回る仕事は避けていたので、比較的ゆとりをもって仕事をしていました。ですからほかの人ができないような「おまかせプラン」という自費の仕事も引き受けたので、「同窓会の付き添い」などという仕事も回ってきたのでしょう。同窓会が終わってからの、その方のうれしそうな表情は忘れられません。

　長いこと三味線を教えていらした方からは、「昔の発表会のビデオを一緒に見てほしい」という依頼があり、これは仕事には組み込めなかったので、時間外で見せていただきながら、昔の音楽教室のような場面を知ることになりました。私は「三味線は女の人が習うもの」と思い込んでいましたが、意外に男の人がたくさん習いに来ていて、○○さんや○○さんも、ちょっとした企業のお偉いさんでした。昔の日本の音楽教室事情を少しだけ覗かせていただきました。

　プライバシーに関わるので詳しくは書けませんが、ピアノの先生として大活躍していた方のお母さんのお宅では、娘さんが午前中にデパートで食材を用意して、夕方、私たちが調理して温かいものを食べていただくということもありました。娘さんのステージの写真もたくさん飾られていました。お母さんは調子が良い時は、娘がいかにすばらしいピアニストであったかを自慢なさっていましたが、その話は私たちと同じ世界のこと、親しみを感じながら聞かせていただきました。

3年間ヘルパーをして

　自分の居住地区で3年間、ホームヘルパーの実践をしました。この実

践をやる目的は、

　一つは、「所長職」という16年も背負ってきた「鎧」と、人から持ち上げられた生活で身についた「垢」（あか）を落とすことでした。

　二つ目は、運動不足の解消と自分の家の周りの地理感覚を自分の足で実感すること。

　三つ目は、在宅の高齢者の生活の一部を共にしたとき、音楽を使える部分が果たしてあるのだろうか？

　といった点でした。

　この体験を音楽療法学会の講習会で話してみたのですが、ステージから見ていて、参加者の受け止め方は二つに分かれていたように思いました。「われわれはそんなことはしないわよ」という冷たい目と、「くいついて話を聞いている」グループに分かれました。これも現実でした。

　ヘルパー初心者の私のようなものは、やるべきことを時間内でこなすのが精いっぱいで、終わりの頃に脚のマッサージをしながら、季節のうたを歌うのがやっとでした。この3年間でちょうど100万円を貯めることができ、ヘルパーのお仕事は3年勤めたところで終了としました。

3　ヘルパーをやめて

岐阜で再び10人弱の研修会を実施

　久しぶりでの岐阜県音楽療法士協会の研修会の講師役は、私にとって、とても意味深いものでした。

　1週間前に協会主催のほかの研修会が終わったばかりで、役員の皆さんは参加者が集まらないことを気にしていました。しかし、「10人弱」という参加者であったことは、私がやりたかった研修にピッタリでした。内容は、彼女たちが持ち寄った技法を職員に伝えるとしたらどのようにするか、というものでした。介護職に伝えることがいかに難しいか、これははじめから介護の人にやってもらう内容ではないかなどそう

した違いを自分たちで意識していきました。これが、前述の至誠老人ホームの施設長の橋本氏から私が受けた指示の一部であったのです。その時はよく理解できなかったのですが現在の私はこの意味がよくわかります。その指示とは「処遇担当から、気軽に音楽に関しての相談を受けられる手助けがしてあげるようになってください」というものでした。

このGMTの研修で「自分たちの仕事をとられてしまう」と心配した人がいないわけではなかったのですが、自分がやっている活動は、手放すことができる内容と、職員には難しい内容で手放すことができない、という違いに彼女たちは気づいてくれました。

スーパービジョン

東京に戻ってきた私に、「スーパービジョン（SV）をしてほしい」と最初に申し出てきた人が小澤登美代さんでした。私自身が「岐阜県とは異なった立場でスーパービジョンをしてみよう」という気持ちにさせられた人でした。この方のスーパービジョンは「この時、この時代」の日本音楽療法学会の姿勢を知ることになり、とても貴重な時間でした。

母の介護

母はある程度は自立していましたが、生活の支援は必要な状態で、三女・彰子（あきこ）の支援を受けていました。私も岐阜を辞めたあと、どうしたらよいか悩みつつも、はっきりとした方向性は見つけられないままでした。その頃は漠然と「在宅や自宅で生活する人の音楽療法はいかに」などと、考えていました。また岐阜での生活や職場の体質の垢を洗い流すなど、私自身のリハビリも必要でした。

一方で、時々音楽療法学会の会議に出ながら、「何か方向が違う」と思いつつ、ここがずれているというはっきりした視点を提示することもできずにいました。そして東京と仙台を行き来して1年後、あの震災が起こりました。震災の数日前から仙台に行っていました。

4 2011年3月11日：東日本大震災

その時

　震災が起こった時、私はたまたま数日前から仙台に帰省していて、母から頼まれたお金を下ろしに行っていた銀行で地震に遭いました。生協での買い物をした後、向かいにある銀行で手続きをしている最中でした。揺れだすと、銀行にいた皆さんは日頃の訓練どうり、机の下などに身を隠していました。オロオロしていた私は入る場所がなく、仕方なく外に出ようとしました。外に出てみると目の前のマンションのベランダにある物置が落っこちそうになるくらい揺れていました。「外は危ない」と思いなおし、室内に戻りました。一時収まったかに思えた揺れが再び大きく揺れだしました。手続き途中のお金は、後日ということになり、一人残していた母が心配になり、駐車場に戻りました。

　道路の信号はすべて消えており、カーラジオをつけると「津波警報」が出ていました。いつも落ち着いて話しているアナウンサーが、慌てた様子で避難を呼びかけているではないですか。「アー、大変はことが起こっている」と実感しました。そのうち、私がわからない言語の放送が流れ出しました。わからないながらも大変なことが起きていること、そして急を要することはわかりました。

　家に着くと、母は冬用のコートを着て、家の前のガードレールに腰かけていました。ひと安心したものの、ご近所の人から「ガードレールは危ないから」と言われ、車の中に避難させました。母にあとで聞くと、揺れた時は縁側に逃げたけど靴がないことに気づき、玄関から靴を履いて逃げたとのこと。変に冷静でした。とても寒く、雪もチラついたので、車の中でラジオを聴きながら余震に耐えていました。その時に、私の幻聴だったのかも知れませんが、いろいろな言語でアナウンサーが必死で「逃げてください」と言い続ける言葉が耳に残っていました。あと

から考えると、3月9日にも地震があり、何か心の準備をさせられたような気がしました。

　東京では東北の惨状が映像で流れたようですが、仙台では停電で何も見られていませんでした。皆さんから安否の電話をいただいたようですが、ほとんど通じませんでした。近所の塀が崩れたりしていましたが、真っ暗の中、とにかくストーブでご飯を炊きました。三女が灯油を十分用意してくれていたので、石油ストーブが大活躍でした。夜は余震でよく眠れませんでした。だんだんに周りの様子が分かり、近所の八百屋が開いていることがわかった頃は少し気持ちも緩んできました。少し遅れて避難所にも行ってみましたが、満員で入れそうにもありませんでした。

　何を運んだかは忘れてしまいましたが、何時まで荷物を指定場所まで運ぶと、その日のうちに支援物資を三陸海岸まで届けてくれるという情報をもとに、市の中心地まで車で荷物を持って行ったものの、指定地には車が乗り入れられず困っていた時、若い男性が快く運ぶのを手伝ってくれました。彼らは横浜の会社から派遣されてきた若者たちでした。道路は特別の車両しか通行できず、私もガソリンは充分ではなく、車で仙台に来ていたため10日以上の足止めでした。

　その間の生活は、家の前を流れる小川から水を汲み、トイレに使ったり、公務員宿舎で水が出ると聞けば「ポリタンク」を車に積んで水を取りに行ったりしていました。そのうち食べ物がなくなり、昔からあった駅前の朝市場に食料を求めて出かけてみると、トラックで野菜を運んできたおじさんから、「あんたたち、ただ並んでいないで手伝って」と言われ、私も八百屋のおばさんに変身。並んでいる人が持ってきた野菜名を伝えると、本物の八百屋さんが計算をしてくれるので、合計金額をその人から受け取るという手伝いをしました。宮城学院の卒業生や市議会議員も並んでいました。勅使河原さんという昔からその地に住んでいらした弁護士さんが空き地を提供してくださったので、開くことができた

急ごしらえの八百屋でした。

　そのほかにも普段とは違ったいろいろな行動は貴重な体験でした。佐賀県から24時間かけてタンクにガソリンとお米を入れて届けに来てくださった方がいて、岐阜から移住していた岐阜県音楽療法士の井手律子さん（佐賀に実家があった）を思い浮かべながら、その荷物を受け取り、責任者に引継ぎました。

　次々必要なことは変わっていきました。1週間後、支援をした人たちが再び集まりました。力強い荷物運びを見せてくれた野球選手という人を、私は初めて身近で見ました。脚の太さと、肩幅の広いことに驚いたと共に、なんともいえないたくましさを感じました。野球音痴の私には何もわかりませんでしたが、地域ではそれなりの名の知れた選手だったようです。

　やっと開通したバスで一度、東京に戻ったのですが、途中の東北道で「岐阜県支援物資」と帯をつけたトラック目にした時は思わす涙があふれました。

　新幹線が開通し、始発の電車で東京に戻ろうとしていた時にNHKのインタビューを受け、7時の全国のニュースで放映されたので、私の携帯が鳴り続けました。翌日も同じ映像が流れたので、私も見ることができましたが、我ながら本当にうれしそうな顔をしていました。

　その後、音楽療法学会の会議でどのような支援ができるか話し合われたのですが、あまりにも現実とかけ離れた内容に多少がっかりでした。しかし現場を知らない人たちは仕方がないと思い、その後は見学を希望する人には三陸海岸や気仙沼などを案内して回りました。正直、震災直後は音楽どころではなかったと思います。

　「河北（かほく）新報」の情報欄で、避難所で障害児が困っているとあったので、何が困っているかもわからず、比較的近い避難所に行ってみました。たしかに、広い部屋に老人も子供も一緒に生活していました。私は同志社大学の先生（あとでわかったことですが）と一緒に、数

名の子供と外で遊ぶことにしました。その中に「発達障害」と思われる子供がいました。60歳代の私には子供のすばやい行動についていくのはなかなか大変でした。「トイレに行きたい」というので仮設のトイレに行くと和式しかなく、そのうち子供がスポッと便器の中に落ちてしまいました。子供を引き上げ、うんこまみれの汚れた靴とズボンを洗っている私をその子はジッと見ていました。そして「おうちの中で遊ぼう」と言ってくれたので、お母さんに謝り、着替えをさせて室内で遊び始めました。その子が提案してきた遊びは「津波ごっこ」でした。私ともう一人の男性もキョトンとしていると、「あんたたちは、私の命令を聞きなさい」と言って、とても強い語調でわれわれにいろいろ命令してきたのです。「ほら、ぐずぐずしないで」「そんなところいたら、津波にさらわれるよ」などなど……。状況が理解できていなかった私は、子供に言われるがままに動いていました。

　あとの反省会で、その大学の先生から「この子たちは、ここ何日もの間、大人からこのように言われて生活してきたのではないか」と聞きました。また「うんこまみれになった自分の靴を叱りもしないで洗ってくれたあたりから、"この大人は信用してもよい"と、子供なりの判断があったのかも知れない」とも言われました。また高齢者からは「この避難所から追い出されたら、われわれは行くところがないので、おとなしくしていなければと思っている。酒もタバコも厳禁で苦しいもんだよ」……と。あの災害では私たちの知らない多くの出来事があったのですが、とくに直後は音楽どころの世界ではありませんでした。

5　母の生活支援と介護と看取り

生活支援と介護

　だんだん弱ってくる母の面倒は、三番目の妹が仙台の自宅で見ていました。ある日、ポータブルのトイレから車椅子に乗せようとして、妹が

235

母を抱えたまま転倒してしまいました。妹は50歳代後半であったものの、二人で動けなくなり、やっとの思いで救急車を呼び、病院に運びました。後から聞いた話では、妹の腰のほうが重症だったようなのですが、なぜか母は38度台の発熱をしていたので、母だけが救急病院に入院することになりました。しかしそのとき病院はベッドが一杯なので、2〜3日しか入院させることはできないと言われました。

　この一連の出来事の連絡を受けた私は、さっそく東京から仙台に駆けつけました。妹はしばらく介護はできそうにないこともわかったので、ケアマネジャーと連絡を取り合い、ショートステイの施設を探しました。見つかった場所が、愛子（あやし）という仙台市の西の外れ。さっそく施設から職員が来てくれて面談をし、その施設で一定の期間預かっていただくことで話を進めました。

　ある程度決めてから次女の妹に連絡をすると、「施設を見に行くことなく決めるなんて無責任」と言われましたが、そんな余裕はありませんでした。病院に来てくれた職員をみて、「ここなら大丈夫そう」と思って決めたのでした。次女も鎌倉から駆けつけ、関係者の会議が持たれました。結果的にはショートステイは利用するにしても、しばらくしたら母の希望もあり、自宅に戻すことになりました。

　介護職のお手伝いも入って、自宅の療養生活が始まったのですが、1ヶ月もしないうちに脳梗塞を起こし、再び救急搬送になりました。前の病院よりもっと遠い病院に運ばれました。脳梗塞を起こした時は次女が介護をしていました。私は東京にいたので、すぐに仙台に向かいました。母は、意識はしっかりしているものの、訳のわからない言葉を発していました。母も自分が言いたいことが、私たちに伝わっていないことがわかったらしく、何も言わなくなってしまいました。しかし、三女がそれまでに介護の仕組みつくりをしてくれていたおかげで、ケアマネジャーとの連絡もその後の進め方の見通しも前回よりは落ち着いて考えることができました。

脳専門の病院に入院中の母は無意識に鼻から入れている管を自分で抜いてしまうということで、両手にグローブをはめられることになりました。そして、次はその手がベットの柵にくくり付けられていました。ラジオなどを用意はしたものの、不用に思われました。6人部屋だったのですが、となりのベットの人が一晩中叫んでいるらしく、夜は眠れていないとのこと。この病院もあまり長くいることができないと告げられ、療養型の病院を探すことになりました。自宅から車で10分ぐらいの病院に移転を決め、母にもそのことを話して了解を得、寝台車でその病院に運びました。偶然にも寝台車の運転手は前回、愛子（あやし）に運んでいただいた人と同じ方でした。今度の病院は二人部屋。前よりは静かな環境でした。

　痰の吸引、酸素マスクなど、新しい医療機器が増えましたが、それらはスタッフの仕事でした。後に自宅に帰ってからこれらは私たちの仕事になりました。次女は母の孫やひ孫と病院でクリスマスを祝ってくれていました。病室で讃美歌を歌ったようですが、となりのベットの方も快く聞いていてくださっていました。

　それは12月の押し迫った日のことでした。ケアマネと相談し、正月あけたら自宅に連れ帰るというスケジュールで訪問診療の先生を探したり、看護ステーション、訪問介護ステーションの代表者とケア会議を計画しました。ところが次女は、「正月前に連れて帰る」と言って譲らなかったのです。それで急遽、年末のぎりぎりの時に皆さんに集まっていただき、ケア会議が開かれました。いらしていただいた責任者の方々と、今後の具体的な方針が決められました。音楽療法士はこのようなチームに入ることはないので、とても興味深くいろいろな話や計画の立て方を聞いた覚えがあります。

自宅介護始まる

　ここから約3年、姉妹3人での介護生活が始まりました。介護ベット

を入れ、ヘルパーさんも週に幾度か来ていただくよう整えました。年末に尿の管が外れてしまい、医師に来てもらうなどのハプニングもありました。どうしてもヘルパーさんが来れない日が2日ぐらいあったのですが、「自分たちだけでやれますか？」と言われ、緊張の正月でした。3年間のうちには、だんだんお正月は家族だけで乗り越えることができるようになりましたが、この初めの時は本当に緊張の数日で、私はまた熱を出して寝込んでしまいました。皆さんの話を伺うと、3年どころでない介護をしている方がたくさんいらっしゃる中で、3年は短いほうですよね。しかも、私は1週間介護をしたら、自分の東京の家に帰って休むという体制だったので、かなり贅沢な介護だったと思います。

　看護師さんの東北弁丸出しのしゃべり方は意図的だったと思うのですが、母は喜んでいる様子でした。この方は私が涙を浮かべながら何かを訴えようとすると、「私たちはわかっているからだいじょうぶ。お姉さんの思うようにやってよいから」と励ましてくれました。ヘルパーさんからは、「今週からお姉さんが担当なのだと言われなくてもわかるよ、お母さんの身体が柔らかくなるので」とも言われました。たぶん妹たちにもそれぞれの介護の長所をうまく伝えながら、励ましていたのだと思います。

　往診の医師は毎回異なる人でしたが、日本の各地から研修に来ているようで、しばらくするといなくなるのは残念でしたが、このような制度が各地に広がるなら仕方のないことと、多くの先生方とお別れをしました。しかし、特別の判断をする時は責任者である川嶋先生が見えました。あるとき、私が自分のつまみ用に持ってきていた「曲がりせんべい」のにおいをかいだか、なめさせたか忘れましたが、はっきりわかる言葉で母は「食べたい」と言ったのです。その声と明確な意思に、鼻から栄養を入れている管を抜くことを考えました。川嶋先生にそのことを相談すると、リスクの説明がありました。そして管を外してからポータブルの機械でレントゲン写真をとり、介護食を食べさせることになりま

した。

　私の自宅近くにある東京歯科大学の１階フロアにある「介護食相談コーナー」でもいろいろ教えていただいたり、市販の介護食も試しました。１週間の食事内容を記録して先生に見ていただき、「ＯＫ」をいただいたので、３食の介護食づくりが始まりました。

　いろいろな工夫はちょっと楽しいものでした。それにはイワタニ（岩谷産業）の小さなミキサーが大活躍でした。母はお蕎麦が好きだったので、どうやったら食べられるかいろいろやってみて、このミキサーに蕎麦とめんつゆを入れて、お蕎麦が３ミリ程度まで攪拌したものを意外に好んで食べていました。パンがゆはシチューのルーで少し味付けをすると美味しいようでした。

　きっとこの本を読まれている皆さんは、そんな食べ物のことより「音楽は？」と思っていらっしゃるかも知れませんね。妹はセッセといろいろなＣＤをかけていました。母は喜んでいる時と、嫌がっている時がありました。母が喜んでいたＣＤは山上さんが作った歌詞のない唱歌のＣＤでした。しかしある日、突然大声で歌いだした歌は「……の薬萊（やくらい）の♬〜」という私たちは聴いたこともない歌でした。それは私の中にあった、既成概念を壊された瞬間でした。

　後で分かったのですが、母が育った加美郡小野田町の青年団の歌だったのです。村の目の前に広がる「薬萊山」（別名「加美富士」とも）を入れ込んだ歌でした。日によっては一晩中この歌を歌っている時もありました。そのような夜は歌うままにしていました。それ以外は、ヘルパーさんそれぞれが歌ってくださる歌に合わせて声を出していました。そのヘルパーさんたちのレパートリーの広いことには感心してしまいました。

　介護サービスの中で、とくに母が楽しみにしていたのは「入浴サービス」でした。一人の男性と看護師、介護員がチームで来てくれるのです。入浴サービスがあることは知っていましたが、東京のヘルパーの現

場ではこの入浴は見たことがありませんでした。このチームのメンバーのお一人が、津波で家族全員をなくして自分一人だけが残ったという話を伺った時は、次の言葉が出ませんでした。そんなことを微塵にも感じさせないで、明るく仕事に取り組んでいた彼の姿勢には本当に頭が下がる思いでした。母が薬莱山を懐かしがっていることを知ってからは、山の写真を持って来てくださったり、近くの温泉施設や食べ物の話題を母に聞かせてくださっていました。

母の最期

　母は最期の日々は前述のように、いろいろな人の手もお借りしながら、山屋敷の自宅で娘3人の介護を受けながら亡くなりました。「ここ2、3日がヤマかも知れない」という妹（次女）からの電話で東京から仙台に向かいました。意識もあり、水も飲んでいたと記憶しています。妹が「最期はおねえちゃんに看取ってほしい」と言って、妹はソファーで居眠りをしていました。それまでの1週間の介護は彼女が担当していたのですから、仕方ありませんでした。

　母がだんだん息をすることをサボるようになってきました。母の肩を叩きながら、「ほら息を吸って」と声をかけ続けましたが、だんだん間隔が長くなり、止まってしまいました。在宅のドクターに電話をすると、「そんなことはしないで、ゆっくり逝かせてあげましょう」と言われましたが、じっとしてはいられませんでした。仕事上で幾人かの人の最期に立会いましたが、まるで違っていました。その日は2019年（令和元年）8月30日、94歳でした。

●安達篤子さん

　安達さんは介護メンバーの中心の人。ケアマネジャー以外のヘルパーさんは個人のプライバシーもあるので氏名は省きますが、母の介護に関わってくださいました。介護職のチームの人、ヘルパーさんそれぞれの音楽のたくみな活用に感心させられることがしばしばでした。

●川島孝一郎先生

　川島先生のことは、以前に奥村由香さんの関係で、「遷延性意識障害」に取り組んでいた先生として新聞記事（「河北新報」、2011年2月8日号）を読んでいました。後に私の母の在宅を支えてくださる医師の一人になるとは、当時は予想していませんでした。先生は「仙台往診クリニック」を開業し、仙台市内近郊も含めて「寝たきり」の人を支える医療を行なっていたお一人です。先生の医療チームは見事でした。レントゲン技師をはじめ、薬剤師、看護師、そして介護士もチームに組み込まれていました。訪問歯科は別な歯科医院にお願いしましたが、口腔ケア全般を担当していただきました。鼻の管を外すことが決定した前後は、口の周りの体操も教えていただきました。

●土田澪さん

　母を時折訪ねてくれていた澪さんは妹（彰子）の孫（当時は6歳ぐらい）ですが、私が山屋敷に住んでいた間は子供がいない私に、幼児の成長過程を見せてくれました。母が亡くなった時も、2階に行って隠れて泣いていました。初めて死による、人との別れに涙を流した彼女は本当に悲しそうでした。私も小学校4年生の時、初めて祖母の死に出会ったのですが、悲しいというよりは怖かったかも知れません。

　その彼女は音楽より描くことに関心が大きかったようでしたが、いろいろのユニークな発想も、学校に入るとともに消えていく残念さをみせられました。その代わり、しっかりした字が書けるようになり、しっかり計算ができるようになる様子には、このような基礎教育は幼い時には必要なことなのだと思いました。今は中学生になり、合唱をしています。

6 母の介護以外の日常

プール通い

●水野嘉夫先生

　母の介護をしている時は、まずは自分の健康を保つことを一番に考えて生活していました。生活習慣病をたくさん抱えていた私は、たくさんのお薬を飲んでいました。東京歯科大の水野嘉夫先生（たぶん70歳代）は「どうしてぼくの言うこと聞けないの？」と、私に強く運動することを進めてきた内科の医師でした。相手に「こうしてほしい」という真摯な態度に尊敬を感じました。今までこのような医師に出会ったことはなく、心の中に残る人でした。

●山内洋子リーダー

　そして通い始めたのが、東京YWCAの女性専用プールでした。YWCAの運営委員の一人であった山内リーダーから、65歳を過ぎたかなづち状態の私はクロールを教わり、休み休みではありますが600メートルぐらいは泳げるようになりました。できること（人は必ず泳げる、水に浮くもの）を確信する指導者の姿勢を学びました。現在は平泳ぎの特訓中ですが、スポーツ音痴の私に水の中の快感を教えてくれました。週1回から3回のプールタイムは生活の中の楽しみの一部になっています。

●中村一代さん

　この水泳の仲間に中村一代さんがいます。彼女は共立女子大学の職員だったそうですが、次々身内をガンで亡くし、失意の中にあってもお互いに励まし合いながらプールに通い続けています。水中アクアは水の中で身体を動かすのですが、月曜の午前中、用事が入り休みがちになると90歳代の方から励ましの言葉をかけられるのです。また、木曜の「あひるの会」は脳性麻痺などの身体麻痺のある大人のグループです。この

グループを見ると、かつて調布のグループのメンバーに何もできず、私が泣いてしまったことを思い出します。ここでのリーダーは、プールに入る時と上がるとき以外は、利用者を自然にまかせているのです。そしてプール内には皆さんの笑い声が響いています。その笑い声を聞きながら、かつて脳性麻痺の青年たちとの自分の活動を「構えすぎていた」と、振り返ってしまいました。

ご近所さん

●相原美香さん

　同じマンションの住人の相原美香さんは、亡き母親が宮城学院の卒業生（同窓会の名簿に氏家久子さんとして記載されていました）とわかってから、時々食事をしたり、おしゃべりをするようになりました。岐阜や仙台の友人も大事ですが、ご近所の人も大事に生活していきたいと考え、町内会にも入りました。

デジタルサポートに出会って

　千代田区の社会福祉協議会の事業の一つに「デジサポ」という講座があるのですが、「携帯電話で困っているなら、詳しい人が助けますよ」という事業です。携帯電話などのショップなどと違って、幾度同じことを聞いてもいやな顔一つしないで繰り返し教えてくれるのです。この事業の隠れた目的には、在宅の一人暮らしの人の安否確認も含まれているようです。ですから、強制ではありませんが、講座に出ることを約束したのに欠席すると何らかの連絡が返ってきます。やんわりと、75歳の私の日常と健康状態も見守ってくれているような事業です。講師は退職したITの専門家なので、かなりの難題も解決してもらっています（皆さんにとっては大したことではないかも知れませんが）。

　この講座に参加するきっかけは「コロナ」の検査結果が携帯に来るというのですが、その方法が私はうまくいきませんでした。その時に、社

会福祉協議会（社協）に「趣味的なことだけでなく、生活上必要な携帯などの使い方を助けてほしい」と手紙を出したら、このような講座がすでにあるとの返事がありました。講座に参加するようになって、ここ10年ぐらいスイッチを入れることもなかったパソコンが気になりだしました。そして、今までお世話になった方々にお礼を書き残したいという気持ちにもつながっていったのです。

7　今までを振りかえって

ふたたび申善珠さん

　この本の中で幾度が出てきていますが、申善珠（しん・そんじゅ）さんは「ハンドベル」という楽器を通して知ることになった人です。彼女は、音楽、福祉、美食、おしゃれ、海外に広い視点を持った韓国人でありました。ハンドベルという知らない楽器を学校生活でいかに生かしていくか、それは学校に限ったことではないことを序々に気づかされました。宮城学院という恵まれた学校で育った私が、福祉や精神病院に関わる生活に入ることを心配した申さんは、青山学院高等部、中等部でハンドベルを教える仕事を紹介してくださいました。そのおかげで、宮城学院を辞めても10年近くはそれまでと同様に宗教行事に関わらせていただきながら、宮城学院の生徒と同様に、音楽を楽しむ青山学院の子供たちの笑顔を見ることができました。その仕事のバックアップをしてくださった、中等部の音楽の教員であった斉藤美佐子先生が2022年8月20日に亡くなられました。そして同年11月27日には申善珠さんも亡くなってしまいました。

　申さんは、田舎者の私を銀座に連れて行き、洋服を選んでくれるなど、今までの人生で体験したことのないような楽しい時間を一緒に過ごすこともありました。申さんという人は、音楽療法界とは関係ないような人なのですが、私の中では同じグループの人でした。彼女もハンドベ

ルはお嬢さん学校の生徒だけが鳴らすものとは思っていませんでした。身体障害者、盲学校、養護施設などにも、積極的にベルを導入し、指導者を送り込んでいました。初期の頃は私をそのようなところに送り込んでいました。それは音楽療法の実践現場の一つでした。

　豊田市では、トヨタ自動車会社の中にも「ハンドベルチーム」がありました。この会社の幅の広い考え方のことと思われますが、男性中心のなかなかユニークなチームでした。

　数年前には、「日野原先生にハンドベル連盟の理事長をお願いしたいのだけれど」と言われた時も、なんととっぴなことを言い出すのだろうと思いましたが、日野原先生は引き受けてくださいました。申さんはそのことをとても喜んでいました。大阪で大きな大会があった時、私は日野原先生の理事長としての仕事を脇からサポートすることができました。

　岐阜を辞めてから何もしていない私に、申さんは「門間先生は、難しい内容でなくてよいから、とにかく書き残すのよ」と繰り返し言い続けていました。申さんはとても聡明で行動力のある美しい方でしたが、アルツハイマーという病には勝てませんでした。日ごとに悪くなる彼女を前に、高齢領域の音楽療法に取り組んでいた私も、無力感でいっぱいでした。「ここに幸あり」（嵐も吹けば雨も降る〜♪）や「天城越え」（隠しきれない移り香が〜♪）が彼女の愛唱歌だったそうです。生存中はちっとも知りませんでした。彼女が亡くなってから「何か書き残すのよ」という遺言のような言葉が私の頭を巡っていました。

8　音楽とは、音楽療法とは

　音楽はステージ上で演奏することで、聴きに来た人を癒す役割があります。しかし、私たち音楽療法士の役割は少し異なるように思うのです。かつて、ジュリエット・アルバン女史（1969年に来日、東京芸大の桜林先生の講義時間を使って講演。これが日本に音楽療法を芽生えさ

せる大きなきっかけとなった）の本を読んだ時に、「一流の演奏家・音楽家でない自分は音楽療法の領域に関わるべきではない」と思いましたが、いろいろな人と関わった活動をしているうちに、「違う役割がある」と考えるようになりました。それは宮城学院の教員時代、清野先生たちとあがいてきた教育という現場や、立川の至誠老人ホームでの試行錯誤の活動から出てきた皆さんと共に作り上げる音楽、誰もが共に関われる音楽の活用があるという確信のようなものが私の中に居座っています。

　私のどこかに音楽に対する劣等意識があり、山上さん（芸大卒）には何か素直になれない時期がありました。もったいないことをしましたが、岐阜時代（正確には喜久松苑時代から）には本当に彼女に助けられました。彼女自身も、武蔵野市で独自の活動を展開し、私と同じくらいの時期に武蔵野市で定年を迎えました。ご両親を看取ったあとも、武蔵野市の活動を続けていらしたと聞いています。

　彼女は音楽の仲間が多く、幅広い音楽の人脈を持っていて、私たちもその多くの人脈に助けられました。山上さんのピアノは人をはねつけないのです。そして土台のようにしっかり支えてくれるのです。そんな音楽の使い方を音楽療法の人は知っているのです。知っているけど、技術が追いつかない人もいます。しかし、それはその人その人によって成長していけばよいのだと思います。

　人生の最後に触れることができたリードオルガンは、仙台時代に私を活用してくださった佐藤泰平先生の持ち物またはどこかで弾かれていたものと思われます。ですから、そのオルガンに触れることができたのはとてもうれしいことでした。

　ある人から「門間さんは、いろいろな楽器を演奏できるのね」と言われました。たしかに、どの楽器も一流の演奏からはほど遠いのですが、さまざまな楽器を演奏することでいろいろな人と音楽を楽しんだり、追求する場を共にする機会を与えていただいたことは確かです。

　ここでいう私の主張に、皆さんはがっくりするかも知れませんが、私

は「音楽療法」の“療法”という言葉に大きな抵抗を感じ続けています。それはたくさんの人々から刺激を受け、一つの領域に取り組んできた結果の言葉なのです。「それは、門間さんだからでしょう」（そのような実力しかない、音楽療法を系統的に学問的に十分学んでいないという意味）という声が聞こえてくるような気もします。皆さんがどのように考えられるか、人それぞれだと思います。

今、私が「療法」という言葉を否定したり、「国家資格は本当に必要なの？」と考えるのは次のような理由からです。

1. 音楽教育の広さが私の頭の中ではさらに広がり深まっている。
（年齢だけでなく、いろいろな段階や深さの音楽教育のあり方があってよいのではないか）
2.「あなたは音楽療法を受けなさい」と言われたことはありますか？
（音楽を強制されることへの嫌悪感は、音楽を続けてきた人こそが知っているのでは）
3. いろいろな状況の人々が、音楽を楽しむことを助けてほしいと願っている。

宮城学院の卒業演奏を聴きに行ったら、あるテレビ番組でしどろもどろな伴奏していた人が超難関の曲を弾いていました。それはすばらしい演奏でした。その彼女が、先日あるテレビ番組で「津軽海峡冬景色」の前奏が弾けないでオロオロしていたのです。歌の指導に来ていた森公美子さんが困って声で前奏をリードしていました。時々、音大生のこのような場面に出会います。私もかつてはほとんど弾けませんでした。しかし、あの前奏があってこそ「上野発の夜行列車〜♪」と歌えるのです。

たぶん、多くのピアノ学習者は耳で覚えてしまうし、簡単な楽譜があればだいたい弾けるでしょう。このようにして音楽を学んだ者が、人との競争ではなく、怖がらずに自分の持っている音楽の力を相手のために使ってはどうかと思うのです。

施設や病院の中に音楽が入ることで、「社会化」（外の風が入り込む）が進むことを私はあちこちで体験しました。これからは私たちの世界（音楽療法界）が社会化される必要もあるのではないでしょうか。

　音楽大学に入れてもらえるような特別な育ち（現在の社会はそうではなくなっていると思うのですが）をいったん横に置き、その場の人々と一緒に働きながら自分を磨いていく、周りの人との対等意識の中での音楽の活動があってよいのではないでしょうか。

　東京音楽療法協会の企画で、群馬で活動している猪之良高明さんと対談をする機会があったのですが、彼には社会の仕組みの中で働いていこうとしていることを感じました。彼は社会福祉士、保育士、日本音楽療法学会認定音楽療法士で、「音楽でみんな笑顔になれる」という企業理念のもと、利用者が住み慣れた地域において、既存にはない新しい方法で福祉と音楽を提供する事業を展開しています。

　昔、松井先生から教えられたことですが、物事は拡散→統合→拡散、分散→集中→分散を繰り返すとすると、いま音楽療法の世界はどこにいるのでしょう。シンプルなプロセスで周りの人に提案・提示できるプレゼンテーションの技術・能力も必要でしょう。チームでのサポート、多くの人で支え合う、そして、時には音楽を用いながらも一人の人間として向き合う。これらのことも必要とされるのではないでしょうか。

　私たちの領域は「医学」と重なる部分があるとも言われています。しかし医師でも、私たちに医学的知識がないことを責めてくる人もいましたが、土俵が異なることに気づいている人はそのようなことはありませんでした。医師は「救えなかった命」のほうを記憶すると聞いたことがあります。しかし、私たちの領域はうまくいかなかったことを検討する以前に、うまくいったことを人と分け合う段階なのかも知れません。

高齢者の音楽療法とは？

　皆さんがくださった刺激によって、私の中に育った核のようなもの、

それは、「果たして高齢者の音楽療法という領域はあるのか？」ということでした。

　父は亡くなる1ヶ月前に紅白歌合戦で流れてきた、森山直太朗の「さくら」を聞いて「いい歌だ」と言った。そして母の介護の時に聞いたのは彼女が若い時の青年団の歌……。こうした彼らから自発的に発信してきた刺激を、そばにいる私たちはどのように受け止めたらいいのか。高齢者の刺激の仕方は子供のようにストレートではないかも知れない。そして受取る側も、年を取ってくると感受性が鈍っているかもしれない。

　私がトーンチャイムやクワイヤーチャイムをよく使う訳は、この楽器は多くの人が自分で音を出し、そして仲間と全体感・一体感を持って音楽を作っていくことができるからなのです。音楽療法士はよく「つなぐ、寄り添う」ということを言います。それには療法というより、人間の音楽をしたいという「欲求」に対する支援が必要ではないか。そしてその活動は、セラピスト自身が表現することが主でなく、相手の自主的な表現を引き出すこと、と今は考えます。

　最近、私は音楽療法の常識的な考えにも、疑問を持ち出しています。晩年の母も、私が思いもよらない、まったく知らない歌を繰り返し歌うようになりました。それは前述した母が育った地域の青年団の歌であり、私が知るよしもない歌だったのです。

9　社会制度から支援を受ける身にかわって

支援する側から、される側への切り替え

　この本は岐阜の仕事を書くことが終章と思っていた私に、出版社の佐々木さんは「それで終わりではないでしょ」と投げかけてきました。たしかに、日々の生活は続くし、この本が出来上がった後も続くのですね。私が書けない状態になっても、皆さんからの刺激は続くでしょう。

　今、気になっている言葉に「支援する側から、される側への切り替

え」があります。はっきりした切り替えにはなっていませんが、私もその比率が少しずつ変わってきています。生まれる時は人の手を借り、そして最期も人の手で火葬場に運ばれる。

2023年の8月に75歳、「後期高齢者」になり、社会制度のサービスがいろいろ変わりました。医療費は1割負担となり、区からは敬老金1万円、「石川さゆりの歌謡ショー」の招待がありました。これから社会が考えてくれているサービスはどのようなものなのだろうか。私たちが依頼された敬老の日の音楽活動はいつもうまくいかなかったことなどを思い出しながら、自分の身を置く位置を変えてこれらの企画の刺激を感じようと思って会に参加しました。

区が主催した敬老会の「石川さゆりショー」は、有楽町の会場で3回に分けて開催されるくらい盛況でした。現在65歳である彼女の語りは、大人に向けたもので、"さすが"と思わされる部分がたくさんありました。まず語りが彼女と会場の人の間に差を感じさせない（上から目線でも、じいちゃん・ばあちゃん扱いでもない）口調でした。私も実践現場にいる時に、このようなショーを観ていたらよかったとも思いました。また、この会場に足を運べない人にも、このような時間に代わって、私たちのような者が何かできるだろうか、と考えてしまいました。

教会での人とのつながりも大事ですが、毎朝顔を合わせる近所の人が誰なのかも分からない生活に物足りなさを感じ、三崎町内会に入りました。お祭り、敬老会、先日は「昔の三崎町の映像を見る会」にも出てみました。町内の喫茶店で開かれた会は、私にとっては知らない人ばかりが映る映像でしたが、会場から起こる「あー、○○（誰々）だ」という声や、大勢の子供が集合しているラジオ体操の映像など、この地のかつての状況に懐かしさを感じる皆さんの歓声と場を共にできました。これからもこの地で生活する人々とほんの一部でも同じ場面を共有できたことをうれしく思って、会場をあとにしました。社会福祉協議会の人も参加していました。

おわりに

　こうして記載してみると、たくさんの人の手と知恵を借りながら、煩わせながら、幾つかの仕事をなし終え、自分の人生を終えようとしています。70歳を過ぎ、30歳代で受講したセミナーなどのレジメを読み返してみると、当時とまるで違った捉え方をする自分に気づかされました。理解の仕方も変わっていました。音楽療法のセッションで使われる音楽は、「セッションという実践を通してのみ音楽療法の音楽が作られていく」（栗林氏のセミナーレジメより）……。「なるほど」と思ったのは、ごく最近です。

　こうした多くの人々の刺激のおかげで私に何ができたか？……。最終的には「共に取り組んだ現場の音楽によって、生徒たちや、クライエント、お年寄り、そして彼らを取り巻いている人々の心の中を少しだけ輝やかせることだった」のではないかと気づかされています。

　それを私の力だけで出来たとは思いません。繰り返しになりますが、音楽を介していろいろな人と関わり続けた通過点では、自分だけの音楽の力や組織力だけでは不十分でした。お世話になった多くの人にお礼を伝えたくてこの本を書くに至ったのです。

　私に「何か書きなさい」と言い続けていた申善珠さんの言葉を、私はずーっと聞き流していました。申さんが亡くなって数ヶ月後、彼女の言葉が私の頭の中によみがえってきました。ある日、とにかくどこかの出版社にお願いしたいという気持ちが高まり、かつてお世話になった「人間と歴史社」に思い切って電話をしてみると、代表の佐々木久夫さんがお元気で会社にいらしたのです。その後は、これは佐々木さんにすがるしかないと思い、こうして書き進めてきました。

　しかし、作業を始めてみると、出版社の手が入った文章は私が書いたものではない立派なものとして戻ってくるのです。佐々木さんの郷里は私と同じ

宮城県。彼が子供の頃に抱いた宮城県に対する思いや、宮城学院に対する憧れのような気持ちは私以上でした。またいろいろ調べるうちに、佐々木さんは私の祖父に尊敬の念を持ってくださいました。そのことは私にとってもうれしいことではあったのですが、祖父・猛氏は私とは比べものにならないくらいの大物でしたから、その部分が肥大すると本の内容の中心が変わってしまうのです。

　また、私と佐々木さんは年代が同じだったこともあり、10歳代頃に抱いたいろいろな葛藤も、彼が先取りして書いてしまうなど、すれ違いが起こり始めました。これらの解決法はすぐには見つけられませんでした。結果的に、出版社側に方針を変えていただき、私の稚拙な文章でもできるだけそのままで本を作ることにしました。出版社としては許せないような部分もたくさんあったでしょうが、会社の責任者である佐々木さんが目をつぶることにしてくださいました。

　おこがましい言い方ですが、岐阜県では私たちの事業に刺激を受けて、自分の人生を切り開いた人もいらっしゃいました。少しでも音楽を学んだ皆さんにも、自分自身という人間と自分の持っている音楽の力を自分以外の人に、少しだけ分けていただけないでしょうか？　こんな願いを皆さんに伝えたいのです。

　まずはこの本を手にとっていただきありがとうございます。そして、少しでも皆さんの人生の中で「自分が持っている音楽を生かそうとする心」が開いてきたら幸いです。その後は、皆さん一人ひとりのやり方で進めていけばよいのです。

　世の中は多方面で進歩・進化しています。音楽コンクールは、技術も内容も一段と向上しているように思います。教育の方法や視点も、多様な子供に応じて広げざるをえないでしょう。生活の中での音楽の活用も、生活や文化の多様性の中で工夫が必要になることでしょう。繊細な感覚を持っている発達障害の子供たちは、私たちにもっともっと深い視点や別な注意の向け方で、私たちを刺激したり科学的ヒントも教えてくれるでしょう。年を重ねた

高齢者は支援されるだけの存在ではなくなるでしょう。

　私たちが行なってきた活動や考え方の先は、次世代の皆さまが何かを積み上げてくれるでしょう。それは、また多くの人々の刺激愛（合い）によって展開されるものと信じます。

　繰り返しになりますが、今まで関わってくださった多くの子供たちやクライエント、高齢者、先生方、そして最後まで刺激と支えをくださった「人間と歴史社」の佐々木社長、編集を担当してくれた鯨井教子さん、井口明子さんに心から感謝します。

　2023年秋

門間陽子

著者略歴

■ 門間陽子（もんま ようこ）
宮城学院女子大学学芸学部音楽科卒業。宮城学院中・高校教員（音楽）
を経て、東京音楽大学応用音楽コースに聴講生として在籍。立川至誠老
人ホーム等の職員を経て、1994年より社会福祉法人岐阜県福祉事業団
（1999年よりの所管は財団法人・岐阜県研究開発財団）・岐阜県音楽療法
研究所所長。岐阜大学医学部看護学科非常勤講師。元日本音楽療法学
会認定音楽療法士。
著書 :『「音楽療法」ある奇跡』（共著、岐阜県音楽療法研究所編、中央
法規出版、2000）、『音楽療法の現在』（共著、人間と歴史社、2007）な
ど。

音楽で人とかかわる

2024 年 7 月 1 日　初版第 1 刷発行

著　者　　門間陽子
装　丁　　人間と歴史社制作室
発行者　　佐々木久夫
発行所　　株式会社 人間と歴史社
　　　　　東京都千代田区神田小川町 2-6　〒 101-0052
　　　　　電話　03-5282-7181（代）/ FAX　03-5282-7180
　　　　　http://www.ningen-rekishi.co.jp
印刷所　　株式会社 シナノ

ⓒ Yoko Momma 2024
Printed in Japan
ISBN 978-4-89007-221-7　C0073

カバーイラスト　乙部なるみ

音楽療法関連図書

音楽の起源【上】 人間社会の源に迫る『音楽生物学』の挑戦

ニルス・L・ウォーリン／ビョルン・マーカー他◆編著 山本聡◆訳

音楽はいつ、どのようにして誕生したのか。音楽の起源とその進化について、音楽学はもとより、動物行動学、言語学、言語心理学、発達心理学、脳神経学、人類学、文化人類学、考古学、進化学など、世界の第一人者が精緻なデータに基づいて音楽誕生の歴史をたどる!(原書『The Origins of Music』:マサチューセッツ工科大学出版部発行)毎日新聞評:言語は音楽であり、音楽は言語だったのではないか。『音楽の起源』と銘打ってはいるが、本書は実質的に「言語の起源」であり、「人間社会の起源」である。

定価:4,200円+税 A5判並製 450頁

即興音楽療法の諸理論【上】・【下】

K.ブルーシア◆著 林庸二ほか◆訳

音楽療法における〈即興〉の役割とは! 25種以上におよぶ「治療モデル」を綿密な調査に基づいて分析・比較・統合し、臨床における即興利用の実践的な原則を引き出す!

【上】定価:4,200円+税 【下】定価:4,000円+税

魂から奏でる—心理療法としての音楽療法入門

ハンス=ヘルムート・デッカー=フォイクト◆著 加藤美知子◆訳

生物・心理学的研究と精神分析的心理療法を背景として発達・深化してきた現代音楽療法の内実としてのその機能、さらに治療的成功のプロセスを知る絶好のテキストブック。

定価:3,500円+税 四六判上製 496頁

障害児教育におけるグループ音楽療法

ノードフ&ロビンズ◆著 林庸二◆監訳 望月薫・岡崎香奈◆訳

グループによる音楽演奏は子どもの心を開き、子どもたちを社会化する。教育現場における歌唱、楽器演奏、音楽劇などの例を挙げ、指導の方法と心構えを詳細に述べる。

定価:3,800円+税 A5判上製 306頁

[実践] 発達障害児のための音楽療法

E.H.ボクシル◆著 林庸二・稲田雅美◆訳

あらゆるクライアントに適用可能な人間学的モデル!!——数多くの発達障害の人々と交流し、その芸術と科学の両側面にわたる、広範かつ密度の高い経験から引き出された実践書。

定価:3,800円+税 A5判上製 310頁

原風景音旅行

丹野修一◆作曲 折山もと子◆編曲

自然と人間の交感をテーマに、医療と芸術の現場をとおして作曲された、心身にリアルに迫る待望のピアノ連弾楽譜集。CD解説付!!

定価:1,800円+税 菊倍判変型並製 48頁

音楽療法最前線[増補版]

小松 明・佐々木久夫◆編 定価:3,500円+税 A5判上製 394頁

斯界の第一人者が現代科学の視点から音楽と生体のかかわりを説き明かす。

音楽で脳はここまで再生する
脳の可塑性と認知音楽療法 奥村 歩◆著 佐々木久夫◆構成・編

事故で植物状態に陥った脳が音楽刺激で蘇った!眠っている「脳内のネットワーク」を活かす。最新の脳科学が解き明かす音楽の力!定価:2,200円+税 四六判上製 275頁